INVESTING
CHANGES YOUR LIFE

投资改变人生
那些滚雪球的人
[第三辑]

雪球◎编著

中国经济出版社
CHINA ECONOMIC PUBLISHING HOUSE
北京

图书在版编目（CIP）数据

投资改变人生：那些滚雪球的人. 第三辑 / 雪球编著. -- 北京：中国经济出版社，2023.10
ISBN 978-7-5136-7487-4

Ⅰ.①投⋯ Ⅱ.①雪⋯ Ⅲ.①投资–通俗读物 Ⅳ.①F830.59-49

中国国家版本馆 CIP 数据核字（2023）第 183415 号

策划编辑	燕丽丽
责任编辑	赵嘉敏
责任印制	马小宾
封面设计	久品轩

出版发行	中国经济出版社
印 刷 者	北京富泰印刷有限责任公司
经 销 者	各地新华书店
开　　本	710mm×1000mm　1/16
印　　张	13.5
字　　数	170千字
版　　次	2023年10月第1版
印　　次	2023年10月第1次
定　　价	59.00元

广告经营许可证　京西工商广字第8179号

中国经济出版社 网址 www.economyph.com　社址 北京市东城区安定门外大街58号　邮编 100011
本版图书如存在印装质量问题，请与本社销售中心联系调换（联系电话：010-57512564）

版权所有　盗版必究（举报电话：010-57512600）
国家版权局反盗版举报中心（举报电话：12390）　　　服务热线：010-57512564

投资无法改变你人生的起点

但可以使你到达不同的终点

交流让投资更愉快

方三文 / 雪球创始人、董事长

在用户看来,我是一个长年待在雪球上的人。

我在雪球上发帖。几年时间,我写了几百万字的帖子。

我在雪球上直播。

我在雪球上向别人提问,也回答别人的提问。每天我大概要回答10~20个问题,一年下来,应该回答了几千个千奇百怪的问题。

我在雪球上管理投资组合和私募基金。

很多人问,你为什么老泡在雪球里?

我一般的回答是:寂寞呀。

确实是这么回事,生活是寂寞的,投资更加寂寞。在现实生活中,找到人交流投资类的问题,非常困难。雪球这样的投资社区,既使投资交流这件事的门槛极大降低了,也使投资中的寂寞得到很大程度的缓解。而交流中,内容超过狭义的投资,又是非常正常的现象。我不认为这些交流是没有意义的。对世界的认知、对人性的认知,跟投资的关系是极为密切而深刻的。

其实呢,我觉得,除了缓解寂寞之外,交流更具有实用方面的巨大价值。投资需要不停地拓展和加深自己对公司、行业、商业的看法。单个人都是信息的孤岛，拥有信息的绝对量是非常少的。但是，因为天生禀赋和阅历积累的不同，每个人也拥有独一无二的信息优势。对于别人来说"脑洞大开"的信息和观点，对于当事人来说，也许是用脚指头就能想明白的常识。能够把这种单个人的信息优势组合起来，对认知拓展的威力是巨大的。雪球这样的投资者社区，就起到这个组织作用。我在使用雪球的过程中，经常有这样的感慨，对我最有价值的信息、最有启发的观点，通常都来自我的预期之外。那些传统意义上的认知权威，价值远远比预期小；而那些不确定的信息源，却经常提供了意想不到的价值。

我想，这是我使用雪球的动力，也是用户使用雪球的动力。

投资是一生的修行，关于投资的故事在不断上演，投资者在雪球的交流也从未停止。在这本书中，我们希望通过展现身份更加多样化的投资者故事，让读者感受不同的滚雪球人生，从而产生一些启发与共鸣。希望大家能读得愉快。

目录

投资改变人生
那些滚雪球的人（第三辑）

001 华丽转身
人生的另一种可能

是畅销书作家，更是可转债投资家　小卡叔	003
从实业投资到金融投资再到产融结合，知己比知彼更重要　大　杨	013
放弃"铁饭碗"，我选择了心中挚爱　散户的自我救赎	021
不走寻常路，做一个清醒的局外人　局外人-苦行僧	035
贝塔终归属于时代，阿尔法才属于自己　量子复利	047

059 聚焦赛道
与伟大的公司同行

一套房和一辆车，开启了我的投资宝箱　痛快舒畅	061
深刻理解企业，拥抱星辰大海　Bigpendan	069
年少入坑，投资为我打开了"上帝视角"　胡紫怡Zoey	077
人们总憧憬成长，而我只追求慢变　研究员雷牛牛	087
投资股票是一件很有意思的事情　爆点投资	097

107 知行合一
财富是认知的变现

要走一百里的路,到九十里也只算完成一半　猪三哥	109
比投资理财更重要的是投资自己　青瑟只鸟	119
投资比的不是谁跑得快,最重要的是活到最后　雪球资管杨鑫斌	127
弱小和无知不是投资的障碍,傲慢才是　盛丰衍	137
做投资,要敬畏市场,别过度自信!　基金教主	145

155 静待花开
学会和时间做朋友

投资理财这项基本生存技能,我希望孩子能掌握它　三胎奶爸	157
做投资要有不较劲的智慧　姜　诚	169
入市近10年,我所走过的投资路　阡陌说	179
投资是一场修行,思维方式才是股市决胜因素　张老师智者不惑	187
相比于认清投资,更重要的是认清自我　韭菜投资学	197

华丽转身

人生的另一种可能

人生就是一场寻找未知的旅程。
而你是否有改变现状的勇气?
他们告别过去、拥抱投资,
或是实现完美蜕变,或是拥有多重身份。
有投资相伴,他们的人生充满无限可能。

是畅销书作家，更是可转债投资家

小卡叔

投资笔记

基金方面，我主要投资 LOF 基金。面对封闭基金，我一般采用折价持有到期再轮动的模式；面对开放基金，我可以进行场内的折溢价套利操作，长期循环降低成本。当然在市场波动比较多的时候，我也会尝试一些短期的套利行为。

对于可转债，我是一个激进的低风险投资者。我的激进在于投资仓位高。2018 年以后，无论股市的涨跌，我都保持了很高的仓位，在特定的时刻，我甚至小比例地使用了杠杆。但是我依然是一个低风险投资者。我在可转债的选品中，会尽可能回避有经营风险的企业，以及距离保本价格较远的品种。

乔布斯曾说，人生就是一个连点成线的过程，有些经历也许一开始看不到它的意义所在，但也许若干年后便会发挥其特有的作用。

如果不是那场意外，@小卡叔可能写不出《像小强一样活着》（笔名：不K拉）这部小说，观众也就不会看到赵英俊出演的同名喜剧，歌迷们也不会听到TFBOYS王源唱的《像小强一样活着》。

如果不是另一场意外，他可能只是一个畅销书作家，而不会成为畅销书作家中最会投资可转债的那个人。

生活予我痛击，我选择坚强地活着

2020年，我在街头听到TFBOYS王源唱的《像小强一样活着》，很多记忆在那一刻涌现。这首歌是我写的小说改编的电影同名主题曲，赵英俊引用了很多原著里的句子作为歌词，所以我比绝大多数人听起来更加有感触。

十几年前的一个雨夜，我经历了一场车祸。因为失血，我躺在手术台上不停地发抖，那一刻，我以为自己就要从这个世界消失了。我不甘心，为何属于我的灿烂人生还未开始就要结束。于是在发生车祸的第二个月，我用一场车祸作为开头创作了我的第一部长篇小说《像小强一样活着》。现在回想，在那个时间点我其实是没有那么强的能力成为一个作者的，但是我做到了，就是那股不服气，让我在4个月时间拼出一本16万字的小说。

后来，我在写作这条路上越走越远，我的《小和尚的白粥馆》系列图书（笔名：释戒嗔）卖了好几个国家和地区的版权。因为漫画大师蔡志忠老师的大力推荐，《小和尚的白粥馆》还拿到了中国台湾地区的年度销量前十名。

我原本以为自己会一心一意地在文学道路上走下去，直到2015年我的母亲被误诊为癌症。在医院的那几天，隔壁病房的大姐告诉我，她这几年治疗癌症花费了几百万元。这个金额让我感到很无力。如果这不是一场误诊，我其实是不知道该如何面对的。

曾经我一直认为，和别人攀比物质实在太幼稚。可是在治疗疾病面前，我必须攀比。我可以不在乎住大房子，可以不在乎吃穿的品质，可是我不能不在乎我的家人吃不起更有效的药。

投资需要一场顿悟

我其实不是投资新手。2005年上证指数跌到998点时，我便在场，如今我已经历过多轮牛熊。由于是见好就收的性格，又严格控制了仓位，我的收益率一直不高，只是略胜于银行理财。

投资对我来说，一直是生活中的小兴趣，是无关紧要的事情。但这一切在我母亲被误诊为癌症后，彻底发生了改变。在资产增值缓慢爬坡了多年以后，我由原先投资股票基金为主，转变为高胜率、低风险重仓出击的投资模式，迎来了高速增长、稳步增值的阶段。即便在2022年那般惨淡的行情下，我依然取得了超过16%的收益率。

在投资策略上，我采用了宏观不择时、微观择时的轮动模式。因为我认为自己和大部分投资者一样，都不具备做波段的能力，所以我在市场没有太过疯狂的阶段，始终保持着高仓位运行。从具体的持仓来看，我目前有三成的股票和基金仓位以及七成的可转债仓位。

股票，采用超长线价值投资策略

股票是我们在资本市场获取收益的重要来源，我对股票的态度是超长线的价值投资。在我持仓的品种中，有一些标的我已经持有了十年之久，五年未操作过的品种也不在少数。我是"佛系"[①]"躺平"[②]的投资者，我的风格决定了我对短期的热点和概念都不敏感，更在意企业的安全性、持续盈利的能力。因为只有生存着的企业才能带给我们盈利的机会。

当然，我也非常在意投资时点，因为我坚信，不管多么好的投资品，如果价格不好，那么我们持有它们的理由也要大打折扣。

以我曾经持仓的五粮液为例，2013年因为限制"三公"消费，叠加塑化剂事件，市场对白酒的前景看淡，即使五粮液这样的龙头，也从高点直接腰斩。那时我认为五粮液和茅台这样已经存在了千百年的产品，并不会因为短期的利空事件而损伤其长线的价值。公款消费的份额消失，只是在一定的时间影响企业的盈利。

于是从2013年7月起，我陆续建仓五粮液，建仓完毕时，共用46374元买入了2500股五粮液。即使在2015年大盘冲上了巅峰又落到了谷底，我依然认为五粮液未来的潜力仍在。所以我顶住了巨大的回撤压力，一直持仓未动。后来的情况大家也都知道了，白酒在2017年走出了一轮相当可观的涨幅。此时我觉得白酒股的估值已经偏高了，决定兑现这笔收益。考虑分红的股息和交易费用，我一共在五粮液上获利

---

① 佛系：网络流行语，意指无欲无求、不悲不喜、云淡风轻、追求内心平和的生活态度。

② 躺平：网络流行语，意指无任何反应或反抗的顺从心理。

15.5 万元以上。

后来我又陆续投资了新希望、东方财富等股票,并且参与了三期东财转债套利。当初投资五粮液的 46374 元,也在 9 年多的时间变成了 202 万元。即便经历了 2022 年的大幅回撤,我当前的盈利也依旧是可观的。

在股票投资上,我认为每个人都要看清自己的能力,找准适合自己的投资策略。同时,投资者不要指望靠"抄作业"获得暴利,认真学习、获取知识和技巧,才是长期盈利的基础;更不要急功近利,我们的亏损往往源自我们想要赚得更多、更快,如果靠头脑发热能赚钱,这世界已经没有穷人了。

基金,用 LOF[①] 套利

基金方面,我主要投资 LOF 基金。面对封闭式基金,我一般采用折价持有到期再轮动的模式;面对开放式基金,我可以进行场内的折溢价套利操作,长期循环降低成本。当然在市场波动比较多的时候,我也会尝试一些短期的套利行为。

以我曾经买过的东证睿丰和东证睿华为例,这两只基金是同一个人管理的,在持股上有很大的相似性。于是我将持有的已经变成开放基金的东证睿丰,换成了还有半年封闭期的东证睿华。换的时候,东证睿丰的市场价格比东证睿华高 0.2 元,但是净值只高 0.14 元。我持有了半年后,两只基金都变成了开放基金,市场交易价格的差价也变成了净值差,我额外赚了 6 分钱差价。

---

① LOF:Listed Open-Ended Fund 之缩略语,汉译为"上市型开放式基金"。

当然，LOF 基金套利不是无风险的，小白投资者一定要先学习，而不是一上来就想着"抄作业"。把投资方法都学会后直接使用小资金去尝试，这种让人手心冒汗的体验所得到的经验值，会让我们飞速升级。

可转债，追求低风险、高胜率

最近几年，我因为投资可转债被大家认识。作为一个完整穿越了多轮牛熊的投资者，在经历过市场多次波动后，我把可转债作为未来最重要的投资方向。因为可转债具备债券的到期还本付息属性，又有跟随正股同步上涨的期权价值。

对于可转债，我是一个激进的低风险投资者。我的激进在于投资仓位高。2018 年以后，无论股市的涨跌，我都保持了很高的仓位，在特定的时刻，我甚至小比例地使用了杠杆。但是我依然是一个低风险投资者。我在可转债的选品中，会尽可能回避有经营风险的企业，以及距离保本价格较远的品种。

即便可转债自发行 20 多年以来，从来没有违约的先例，我也依然对持仓进行了分散，以确保在极端情况发生后可以有效地对冲风险。

因为我持仓的绝对价格偏低，多数的买点在保本价格以下，且有能力坚持长期投资，所以在可转债投资过程中，我的胜率极高，造成亏损的品种极少且占比很低。这也使得我的总资产可以小幅稳定地增长。

在可转债的细分领域，低价债的投资者在市场出现上涨行情时，也面临着难以跟随正股上涨的窘境。为了提高自己的投资效率，我采用了一个大多数投资者无法采用的策略，就是积极和上市公司沟通，推动低价转债下修[①]，提升低价防守转债的价值，从而获取额外的收益。之所以我被转债投资者认同，也在于我的主动推动并使得一些公司顺利下修的行为。

信任，让我成为下修战局中的主导者

2021年，孚日转债因为公司回购注销股份，发布了债权清偿公告。那个时间点是可转债市场的至暗时刻，60元的亚药，一堆趴在70元、80元的可转债，连国资控股的孚日转债也跌至最低80元的价格。

参照《公司法》第一百七十七条的相关规定，理论上转债的持有人可以在减资时，享受一次提前按照面值清偿的权利。对比当时不足90元的转债价格，存在很不错的套利空间。

此前，上市公司也经常发出类似的公告，但是对于可转债，多数上市公司认为它们不在减资清偿的范围。对于投资者的诉求，它们往往置之不理。所以清偿这件事，当时没有任何一例实施过。

也有少数上市公司在面临争议时，会采用下修转股价的方式来安抚可转债投资者。因为过去我主动推动一些公司顺利下修，投资者们都对我颇为信任。所以这一次，大家都很希望我能够出面和公司沟通，让公司下修转股价，实现公司和投资者双赢。

我看了一下孚日的背景，难度远超之前沟通过的案例。因为孚日

[①] 下修：在可转债存续期间，上市公司下调可转债转股价格的行为。

是国资控股，下修转股价这种事情，公司说了不算，要通过当地的国资部门、辖区政府的审核。而在此前的一段时间，当地的国资以7.5元每股的价格入股了孚日，现在我们要求将转股价格下修到4元多的市场价格，显然是太难了。也正是因为这些顾虑，公告发出后，市场几乎没有反应。孚日转债的价格只是随着整体市场反弹至90元附近，没人相信它会清偿债权或是下修转股价格。

这一次，投资者们都觉得下修孚日转债转股价格是一个不可能完成的任务。而我却觉得，我以往的沟通经验可以用在和上市公司的对话中，如果能讲清楚下修可转债对各部门的好处，或许不可能就会变为可能。

首先是依法提出了清偿，我们400名中小投资者，一共持仓了过亿元的转债，其中部分投资者向公司提出了6000万元转债的清偿申请。

第一次和公司接触的时候，因为被大量投资者轮番打电话要求清偿，对方很是疲惫，象征性地应付了我几句。我说：“其实我们中小投资群体在清偿债权时，彼此间的沟通是很多的，我是其中比较有代表性的，如果我们聊深聊透，我把这些信息集中反馈给大家，这样大家就不会继续打电话过来，也能减少公司证券部门的很多工作量。”

对方顿时很有兴趣，于是我们进行了首次的深入沟通。我写了一封长信给公司：从公司违法可能对股价产生影响、下修后将有效避免提前清偿，以及早日促转股对公司的好处等方面，游说公司采用下修的双赢策略。公司最终也决定采纳我们的建议，向主管部门提出申请。紧接着，我继续给当地的政府写邮件，从清偿债务可能导致政府GDP受损、就业岗位减少，以及当地政府官员声望受损等角度提出想法。

当然这样做依然是不够的，由于国资入股价格 7.5 元和当时市场价格差距太大，决议就一直卡在国资部门。我继续发邮件，提出"国资高价入股属于支持地方企业发展的行为，只要转股价格维持在净资产以上，便不属于国有资产流失；若是坚持清偿债权，反而可能导致国有资产流失"的观点。

几个月后，在和公司的管理层聊天的时候，我才知道，相关部门收到我邮件的第二天便专门去和企业协商有关解决方案。

在我们提出清偿的第二个月，公司召开了债券持有人大会，我作为中小投资者的特邀代表参加了会议。我去上市公司开会的第二天，便和群里的网友们失联了，找不到我的网友们在网上炸了锅。他们说："卡叔一定是被公司用美人计诱惑了，现在已经经不住考验，即将沦陷。"

其实我是被冤枉的，在开会的前一天，又发生了变故，持有了相当多筹码的机构投资者，带来了近亿元的反对票，而我们中小投资者一直以为公司和机构已经有所沟通，以至于没有带来足够的赞成票委托书。

会议开始时间延迟了一个小时，因为在最后一刻，我依然在和重要机构债主的负责人进行远程沟通，最终大量计划投出反对票的机构投资者临时决定不参与投票，将投票权交给我们中小投资者。我们在最后一刻将本来 90% 反对票反转成 100% 赞成票。

后来的事情，大家也是知道的，孚日转债顺利下修到距离底部不远的位置，它的意义在于起到了示范的作用。几个月后，类似情况的岩土转债，完全借鉴了孚日转债的方式，同样让参与的投资者获得了不错的收益。

我们该寻求怎样的人生？

一个人应该到达怎样的高度，才能算有成就呢？大多数人认为，名利是最简单的衡量方式。但我在长久困惑于自己无聊乏味的人生后，得出了结论：我向往的生活状态，不是为了让别人赞美我。人生应该是一场寻找自己的旅程，我们不断地尝试去发掘自己的潜能、去寻找未知的自己。

我认为，我们生活的每一天都不应该是为了迎合别人而活着，求新、求变、求突破才是每个人追求的方向。孚日提前清偿的时候，市场到处是低价的品种，其实不推动下修，去买一些其他品种，收益未必会低很多。但是我依然选择去做一件别人没做过的事情。因为我认为，一个人如果一直去做一些把握性很大、成功率很高的事情是很无趣的。我能够接受"失败"这个结局，但是我不想接受"未曾努力过的失败"这个结局。

从实业投资到金融投资再到产融结合，知己比知彼更重要

大 杨

投资笔记

我这十几年的投资路程走下来，能贡献给大家的一句话或许是：知己比知彼更重要。在熟悉自己的资金量、预期回报率、日常工作和生活安排，以及个人职业规划的基础上，一个人的能力、心态、习惯都在某种程度上影响着其自身的投资。当一个模型变得很复杂的时候，任何一个小变量都会引起巨大的连锁反应。所以希望年轻的朋友要在勇于参与市场的基础上，给自己建立一个评估体系，看看自己适合什么样的投资方式，之后用十年以上的时间去验证这个模型。如果真的有一条路走通了，想必后面50年都会受用不尽吧！

从20世纪90年代的计算机标兵到自考成功成为优秀的法务人员，再到进入实业参与一个新兴机构的整个创业过程，又到现在成为能源领域的投资影响力用户，大杨用他丰富的履历向我们展示了人生的无限可能。十余年实业投资经历，会对二级市场投资有哪些帮助？投资路上，投资者如何做出成功的决策？纵观多轮牛熊，他又有哪些实用性强的投资感悟？在@大杨看来，投资永远在路上。

做一行，成一行：从计算机、法律、工程到金融

我是大杨，与众多光鲜亮丽的"球友"不一样，我或许拥有一条相对另类的成长之路。我先后有计算机、法律、工程与金融专业的学习经历，几个风马牛不相及的行业，在一个没有规划过的人生中，充满了挑战与不确定性。

在20世纪90年代的大背景下，机缘巧合，我进入了一所职业高中就读计算机专业，用几年时间成了学校专业课的领先代表，冬练三九之后曾经成为一分钟打字超过230个字的标兵，可以全程记录《新闻联播》；组织学校的各类系统软件开发、无盘站建设，在全国和区域性的网络节点都留下了身影。同时我一边上学，一边做计算机在职培训、网吧技术管理，培养了超过2000名计算机等级考试三级学员。

视野逐步开阔后，我认识到未来社会更需要的是文理皆通的人才。随着《今日说法》等一系列电视栏目的创办，我感觉自己的人生迎来了第二春。从此我开始全面学习法律学科，寒来暑往，等到职高毕业的时候，我的自考法律大专已经通过了好几门课程，后面也创下了两年半拿下自考大专、自考本科全部课程的一个小辉煌。

毕业后我如愿投身法律工作，每年处理超过 200 个各类民事诉讼案件，是所在机构办案数量最多、调解率最高、结案最快的。这个效率，在当年只有北京朝阳区法院可以达到。后来我受到一家实业投资机构的青睐，以法律顾问的身份入职，并有幸参与了一个新兴机构的整个创业过程，也在矿业、铸造、能源、金融等领域有了一系列实践机会，顺便积累了几百亿真金白银"烧"出来的直觉。

也许凡是有十余年实业投资经验的人，最后都会选择金融投资吧。最初我们仅做水电行业实业投资的二级市场估值对比，结果当时眼前的一幕令人大跌眼镜：我们耗尽心血苦苦追求的一个实体项目——水电站，为此我们已经付出了两年时光，而且需要继续坚持 5 年才能建成，同等条件下二级市场的估值只有当时投资的一半。

最终我们发现，一二级市场之间的阶段性错配，将给熟悉实业的投资者带来一个新机会。以此为基础，我们参与的金融投资总额一度达到了实业投资的一半。经过数年的市场博弈，我们最终在大幅超出一线市场估值体系的时刻退出，取得了良好的收益。

投资不止一条路，适合自己的就是最好的

自身能力、知识背景和心态的掌握与控制虽说是一个永恒的话题，但在早期投资的过程中尤其重要。早年我在参与能源股投资的过程中，受上述因素影响，虽然我的总收益和涨幅谈不上最高，但这个投资经历带给我的收获或许可以称得上广义概念的第一桶金。当年雪球刚刚成立，一堆从股吧转移过来的朋友开始相互学习、介绍心得。我参与其中，几乎从水电站开工一直坚持到了建成发电，达 7 年之久。关于实业背景带

面对确定目标的长时间煎熬,可行的一个策略就是:战略持有,战术平衡。

来的长远判断与股票短期不涨（甚至大跌）之间的纠结，是我那段时期的主要心路历程。现在想来，真的很感谢雪球的众多"球友"以及其他股友们的相互支持。正是在大家的鼓励下，一个小散户才可以咬牙坚持下来。从此以后，"择时"成为我投资生涯的一个潘多拉盒子——总是试图去打开它，又怕因此迷失双眼。

现在看来，面对确定目标的长时间煎熬，可行的一个策略就是：战略持有，战术平衡。要相信市场是有效的，哪怕是阶段性的。而且市场的有效与无效，不是针对公司，而是针对行业。如果某一个公司被低估，那么它一定不会太孤单。

人们常说"七亏二平一赢"，任何人在投资路上不只有成功，更多的是一次又一次的失败。

就我而言，最刻骨铭心的就数一次港股投资。受新冠疫情影响，某个"烟蒂"企业因经营困难而出现了危机。但我看到了企业资产的优良、管理团队的专业，认为这是一个值得重估的机会。故事的发展正如预期，一切在往好的方向发展。然而曾经许诺施加救助的外国政府机构受各方势力影响，突然反悔，导致企业直接陷入流动性危机。时至今日，该公司仍然陷于长期停牌。

再看 A 股市场，不论在金融监管、政策稳定性还是其他方面，真是散户的天堂。管理者对众多中小投资者权益的保护无微不至，疫情面前政府对企业的扶持也是言出必行。在真的面临系统性风险的时候，你会发现原来人人口中的"概率"两个字，竟有千钧之重。

因实业工作的限制，加上个人能力的不足，我自认为还无法成为一个职业投资者；所以我用在个人投资上的时间不是特别多。但每年之初，我总是试图对当时的宏观经济形势做一些判断，之后通过能源行业的发展进行验证，并以能源产业为核心，梳理整个产业链中的机会进行投资。

十余年的投资生涯中，我有幸遇到了两位导师。其中一位精于市场与人性的细节评估，在T+0[①]领域做得风生水起；另一位本着"重剑无锋、大巧不工"的精神，在战略看好的机会中买入持有，几乎不关注短期机会。这两位导师都在证券市场取得了重大的成功，几十倍的收益，百亿元的绝对值，堪称个人投资者中的交易大师和价投大师。

此外，家中老母也是众多股民的一员，属于当年天天去交易大厅买卖的那一类人。她对各类技术指标如数家珍，对大部分代码脱口而出。在我看来，雪球上的很多技术派同我母亲相比差远了。我相中的公司，往往会纳入她的自选股。我会让她帮着评头论足一番。平时我没什么时间看盘，相当于请了一个不花钱的操盘手。一旦有大的波动，我马上就会收到她的微信消息。几十年来，她的投资收益也很不错，基本上一家老小的日常开销都由她投资所得的收益包揽。

我母亲这类人的存在让我相信，投资不止一条路，适合自己的那条路就是最好的。殊途同归，虽然每个人的成长经历不一样，但是结果总是对你能力的最佳检验。

聚焦一个领域做投资，不再关注牛熊

牛熊交替天天在发生，投资者相互间认知的分歧就是一次转换的过程。所以当某一天，我不再关注牛熊，而是寻找市场中属于我的结构性

---

① T+0：Transaction plus 0 days，证券交易与结算制度的简称。

机会的时候，我感觉自己一下子淡然了很多。其实做出一个决策很容易，但做出成功的投资决策对任何人来说都不是一件容易的事，这意味着我们不得不经历一些失败。我们即便不把钱用在投资股票，也难免买房、储蓄。年轻的时候我们多交一些学费是可以理解的，总比退休之际一生心血付之东流要好得多。投资者如果能想通这一点，就要尽量让这个过程充满乐趣。

具体来说，我把投资与工作聚焦在一个领域，在工作的第二年确认了总体的轨迹：坚守能源行业。这样可以减少很多不必要的甄别，同时可以拥有一批十年以上的具有共同思路的朋友。大家在相互交流的过程中，可以实现风控与探索的有机融合。例如在基建、矿产、发电、输电、配电、用电、储能、设备制造的大产业链中，总有最适合当前年度的主题。特别是叠加了"碳中和""俄乌冲突"等事件的时候，行业将在垂直产业链上下游的"外卷"[①]，与某个产业链内部各个技术路线的"内卷"[②]中产生相互叠加的机会。这将是我重点布局的领域。

尽管个人投资者在工作中获取的投资经验比较丰富，且往往与其资金总额、操作习惯、资金成本和时间等不匹配，但我坚持一个观点：不要试图战胜职业人士。二级市场的投资者，几乎不可能把一个新兴领域的几十个专业及当前市场状态、企业经营研究得清清楚楚。因为其中涉及团队的配合，以及各专业十余年的积累。对于那些动辄关注每个热点板块且常换常新的投资者，我除了希望其拥有良好的财务基础外，更多的是送上祝福。

---

① 外卷：网络用语，本指通过向外拓展新的资源的方式进行竞争，现在多指大家互相拉着一起停止"内卷"。

② 内卷：网络流行语，通俗来说，可以看作努力的"通货膨胀"。

俗话说，知己知彼，百战不殆。我这十几年的投资路程走下来，能贡献给大家的一句话或许是，知己比知彼更重要。在熟悉自己的资金量、预期回报率、日常工作和生活安排，以及个人职业规划的基础上，一个人的能力、心态、习惯都在某种程度上影响着其自身的投资。当一个模型变得很复杂的时候，任何一个小变量都会引起巨大的连锁反应。所以希望年轻的朋友要在勇于参与市场的基础上，给自己建立一个评估体系，看看自己适合什么样的投资方式，之后用十年以上的时间去验证这个模型。如果真的有一条路走通了，想必后面50年都会受用不尽吧！

人生就是一次战略投资，我们会面临太多的选择。有的时候放慢节奏，用一生去规划一件事，你会看到更多或许受益终身的细节。

放弃"铁饭碗",我选择了心中挚爱

散户的自我救赎

投资笔记

到底什么样的常识可以让我穿越牛熊,在这个无比残酷的市场生存下来?我认为有两个基本原则:

第一,自我认知,知道自己的强项和弱项;

第二,不论什么资产,只有在我长期持有过程中有"资产价格不变收益率"的时候才有配置的价值。

不管投资什么品种,我追求的最低标准(安全边际)是"资产价格不变收益率"。"资产价格不变收益率"是我发明的词语,有两层含义:第一,资产价格在我长期持有过程中最差的情况下也可以保持不变;第二,在资产价格不变的情况下,我还可以获得一定的收益(最好是年化收益率大于10%)。

他生在一个知识分子家庭。父母在事业单位工作，他们对子女的期望自然是走他们的老路——认真读书，找一份稳定的工作，再踏实干一辈子。@散户的自我救赎的前半生也是如此，他刻苦读书，如愿考上大学，毕业后找了一份"铁饭碗"的工作，是父母眼中的乖孩子。

但忙碌而重复的生活和工作并没有让他找寻到生命的价值。他觉得自己像一个"没有灵魂的躯壳"，职业投资才是他的兴趣所在。他放弃"铁饭碗"，成了一名职业投资者，在资本市场实现了财富自由，同时找到了心中挚爱。

职业若不能与兴趣结合，那和行尸走肉有何区别？

20世纪80年代初，我出生于一个普通的知识分子家庭，父母都在事业单位工作。我的家庭虽不算富裕，但我从小衣食无忧。大学期间，我就读于计算机专业，毕业后选择在一家大型医院工作。医院的业务发展迅速，10年时间其收入增长了10倍。但高强度的工作和没日没夜的加班让我身心俱疲（直到今天我依然认为，医务工作者是劳动强度极大的职业，为他们常年无休、无怨无悔的付出点赞）。

工作的那13年，我每天像一个"没有灵魂的躯壳"，不是在上班、加班，就是在加班的路上。虽然工作无比稳定，工资在二线城市也算高，但我提不起兴趣。最核心的原因是我在工作中找不到快乐、归属感，也找不到自我。一个人的职业若不能与兴趣相结合，那和行尸走肉又有什么区别呢？我的潜意识时刻提醒我不能为了钱而工作，更不能为了所谓"铁饭碗"而工作。我只能为了自己而工作，而职业投资才是我的兴趣所在，也是我内心追寻的目标。

为了实现我的目标，我开始疯狂地学习投资知识，阅读国内外各种各样关于投资的著作。我读了罗伯特·清崎所著的《富爸爸穷爸爸》，理解了财务自由的概念，知道了投资正是提高自己被动收入①的过程，可以使自己迈向财务自由；读了最牛基金经理彼得·林奇所著的《彼得·林奇的成功投资》，知道了原来身为散户的我在这个市场也有独特的优势，弱小的散户也可以战胜强大的机构投资者；读了价值投资大师格雷厄姆的《聪明的投资者》，理解了市场先生的脾气原来是那么阴晴不定，明白了安全边际在投资中的重要性；读了股神巴菲特的《巴菲特致股东的信》，知道了价值投资应该以企业分析为核心，在别人贪婪时恐惧，在别人恐惧时贪婪；读了指数基金之父约翰·博格所著的《长赢投资》，了解了指数基金在投资中的重要地位，以及基金投资应该遵循的原则等。我抓紧一切业余时间，疯狂地汲取投资知识，使这些知识在今天和未来都能为我所用。

离开工作十余年的单位，我选择了职业投资

投资了七八年后，我的投资收益已经稳定地超过工资收入，在此期间，我组建了家庭，有了自己的孩子。但那时我并没有考虑职业投资这件事情，直到身边突发的一件事彻底改变了我的想法。

一位年轻的同事，因为重病离开了人世，从发现疾病到离开只有短短3个月时间，年仅30多岁，英年早逝。这位同事刚刚晋升高级工程师，也是我入职以来的老师。这件事深深地打击了我，使我重新思考：我们

---

① 被动收入：不需要花费多少时间和精力，也不需要照看，就可以自动获得的收入。

活着到底为了什么？既然我们迟早要离开这个世界，为什么不大胆一些，为什么不做自己真正喜欢的事情，为什么不让自己的生命变得更精彩一点呢？

我喜欢旅游、钓鱼、电子游戏、投资，但因为工作忙碌，丢掉了这些本该属于我的快乐，是不是太得不偿失呢？我不甘心过这种别人规划好的人生，我想做自己，我想做自己想做的事情，先不说成就一番事业，至少可以成就自我吧。

2018年全年股市大跌，我也出现了多年来罕见的负收益，于是决定等资本市场企稳后就开始职业投资。2019年市场迎来了普涨行情，我的收益率也不错，不仅把2018年的亏损补了回来，还创出了新高。本来我准备过完年就辞职，但一个突发状况改变了我的计划。

2020年1月，医院传出武汉流行一种新型病毒，风险很大，让所有医务工作者必须提高警惕。接下来的事情大家都知道了，春节前夕武汉封城，新冠疫情大暴发。祖国面临这样的危机，身为一名医务工作者，理所应当冲在最前面，责任感和使命感使我毅然决然地加入抗疫这场战争。

整个春节直至2020年5月，我院职工几乎都在和这个病毒作殊死搏斗。我虽然不是医护人员，不需要直接面对病人，但因为工作性质，同样需要频繁出入发热门诊和住院部。记得当时我曾离新冠确诊病例只有5米的直线距离，而且早期大家还不了解这个病毒的严重性和危害性，在封闭环境也就是佩戴一个一次性口罩而已。

在新冠疫情趋于稳定的7月初，我觉得时机成熟，便提出辞职申请，离开了工作10多年的单位。虽然我心中有很多不舍，但我知道这一天是迟早要面对的。

我认为：人一生中最光辉的时刻，并非功成名就的那一天；而是即使面对无尽的诱惑，依然勇敢追求自己内心真实感受的那一天。我主动放弃了许多人羡慕的"铁饭碗"，选择了自由和热爱，虽然当时并没有多少钱，但有了更多的时间陪伴家人和孩子，有了更多的时间去投资，有了更多的时间去充实自己、做自己想做的事情，这是任何财富和地位都换不来的。

朦胧的认知：投资股票可以致富

我从小似乎就对收藏和投资感兴趣。小学三年级的时候，院里小伙伴送了我一套竹子主题的邮票，并告诉我，邮票是可以升值的，从那时起我便对收藏和钱生钱的游戏产生了浓厚的兴趣。别的小朋友用零花钱来买零食和游戏，而我把大部分零花钱用于购买邮票和收藏钱币。一买就是好几年，随着"邮币卡"（邮票、钱币、电话卡）市场的火热，越来越多的人参与炒邮，将"邮币卡"的价格炒到了不可思议的高位。

1997年，"邮币卡"市场大泡沫破灭，许多邮票和钱币的价格被"脚踝斩"，许多品种的价格降到原来的三分之一都卖不出去。你能想象一个十几岁的孩子，平时舍不得吃、舍不得穿攒下的钱都变成了一堆废纸，那是什么感觉吗？当时我虽然不明白为什么曾经价格那么贵的邮票会突然之间变得那么便宜，但从那以后，我就对人人都在买、价格不停地抬高的东西产生了天然的警觉。

时光飞逝，2007年6月大学毕业前夕，那也是一个全民炒股的时代。我记得有一天,一位舍友兴高采烈地回到宿舍,对我说:"哥们儿,告诉你一个好消息,我在股市赚了一台 ThinkPad。"我当时听到这个话,立马震惊了,要知道那是在 2007 年,购买一台 IBM ThinkPad 的笔记本电脑至少需要 1 万元,当年大学一年的学费也不过 4500 元,大部分大学生一个月的生活费也才 300~500 元。1 万元对于当时还没有走向社会的我来说,虽然算不上天文数字,但也足够震撼!这个事情使我对股票投资有了朦胧的认识,使我意识到股票真的能致富!

学习价值投资理论,迫不及待进入股市实践

2008 年 2 月的某一天,参加工作不久的我在同事桌子上发现了一本关于投资的书,然后我就问他:"你也炒股吗?"同事答道:"是的,我未来要做中国的巴菲特!"虽然我对股神巴菲特的大名早有耳闻,但第一次从熟人口中听到,还是让我感到很意外。自那以后,我就对巴菲特产生了浓厚的兴趣,到处查阅相关书籍。

那时研究巴菲特的人还不多,幸运的是,此前不久央视财经频道推出一档栏目《学习巴菲特》,主讲人刘健位是当时汇添富基金管理公司首席投资理财师。他用严谨、朴实的语言将巴菲特的投资生涯和投资理论剖析得一清二楚。这套视频我看了很多遍,时至今日,我依然认为这 10 集视频是学习价值投资最好的入门级教材。其中最让我记忆犹新的是巴菲特那句"在别人贪婪的时候我恐惧,在别人恐惧的时候我贪婪",以及巴菲特的老师格雷厄姆关于安全边际的论述。这也解答了我儿时的疑惑:当年"邮币卡"市场为什么会瀑布式地下跌?任何资产,不管之前价格涨得多高,只要脱离了其自身价值,最终都会面临惨烈的回归,

等到无人问津时，又是进场的时机。这个市场从来不缺少机会，缺少的是耐心和等待。

学习了巴菲特和格雷厄姆的投资理论后，我迫不及待地想要实践，于是在2008年3月初的某一天中午来到附近的一家券商营业部开户。我还记得当时的场景，一个和我年龄相仿的小伙子在门口迎接我，热情地拉着我穿过一台台屏幕映射红绿K线图的电脑，电脑旁的大爷大妈们眼睛紧紧盯着屏幕，手不停地敲击着代码，不大的空间挤满了人，就好像拥挤的集市。我来到柜台，等了一会儿便顺利开通了沪A和深A的账户。回到单位，我迫切地想买入股票，体验真正投资的感觉。

当时我深受巴菲特思想和格雷厄姆思想的影响，认为应该买"价值低估"的股票。那时上证指数还在4500点左右，虽然相对6000点高位有所下降，但市场整体估值还处于高位。市场估值最便宜的就是钢铁股和银行股，考虑当时银行股的估值比较低且周期性相对较弱，而银行股中估值最低的就是民生银行，所以我选择民生银行作为自己人生的第一只股票。当时我天真地以为买民生银行是捡了个漏，谁知道买了以后天天阴跌，甚至在2009年的大反弹中也表现得不尽如人意，持有不到两年便离场。我的第一笔交易就陷入了"价值陷阱"的泥潭，由此给我上了印象深刻的一课，那就是"低估值并不一定等于低估"。

2008年的股市如同泄洪的水闸，一路向南不回头，跌幅之大、跌速之快让人惊讶。但经历过1997年"邮币卡"泡沫破灭的我隐约看到了大机会将要到来。果不其然，2008年9月初，三鹿奶粉被曝出含有三聚氰胺，导致14名婴儿患上肾结石，引发大众高度关注；9月16日，国家质量监督检验检疫总局（现为"国家市场监督管理总局"）公布包括伊利、蒙牛、光明在内的多个厂家的奶粉都检出三聚氰胺，并且当晚的央视《新闻联播》报道了此事。这个事件对中国乳制品行业的打击是近乎毁灭性的,乳制品行业的所有股票在那段时间呈瀑布式下跌,伊利也直接被贴上了*ST的标签。

当时我经过深入思考,认为:第一,中国人未来还是要喝牛奶的,不可能永远只依赖进口奶源;第二,这是一个行业性事件,在国家曝光问题之后,一定会倒逼行业升级并作出改变,促进乳制品行业未来朝更好、更安全的方向发展。

于是,我决定使用1/3的资金买入乳制品龙头*ST伊利,我记得当时伊利股份的股价在6.5~7.5元来回窄幅震荡,不管什么利空,股价都压不下去了,总市值在60亿~70亿元徘徊了两个月。回头来看,这两个月成了中国乳制品历史上最佳的黄金建仓期,*ST伊利也幸运地被我抄到了历史大底。之后国际金融危机全面爆发,我又拿剩下1/3的资金买入了上证50ETF[①]和中小板ETF。

回想2008年的投资,除了买入"价值陷阱"的民生银行给我造成了实质性的亏损以外,伊利股份和中小板ETF均给我带来了比较丰厚的回报。更令我没有想到的是,伊利股份短短两年多的时间竟然涨了10倍,这也是我人生的第一只tenbagger(彼得·林奇对十倍股的称呼)。

放弃个股投资,拥抱基金投资和低风险投资

之后十几年的投资生涯,我投资过不少牛股,包括在全国医疗信息化推进中获利的大牛股卫宁健康、因国家等级保护政策受益的阶段大牛

---

① ETF: Exchange Traded Fund。交易型开放式指数基金,通常又称交易所交易基金。文中"50ETF"指上证50指数,是境内首只ETF的跟踪标的。

股启明星辰、本地光伏巨头隆基绿能等，也投资过很多基金和金融衍生品，都获得过不错的回报。但是有句古话说得好，吃一堑长一智，人很少在自己赚钱的股票上记忆犹新，而对自己亏损的股票却永生难忘，天士力就是那只让我永生难忘的股票。

2008年在一场论坛上，我偶尔得知了天士力这只股票。当年天士力在医药股中可以说属于估值最低的一类，且有着极其远大的愿景，肩负着现代中药走出国门的重大历史使命。其核心产品复方丹参滴丸也顺利通过了美国FDA（美国食品药品监督管理局）二期认证。我和临床的中医大夫进行了多次交谈，几乎所有大夫对这个药评价很高。天士力在当时可谓集天时、地利、人和于一身，我自认为身在医疗行业，自己懂医药、懂天士力，可惜最终的结果只不过是我一厢情愿罢了。

害死你的往往不是你不知道的事，而是你自以为无比确信、最终却错误的事，错误的路径依赖的结局是相当可怕的。天士力因为越来越复杂的边缘化业务和FDA三期认证的失败，最终以暴跌收场。这是我持有的时间最长、单笔亏损最严重、感情最复杂的一只股票，也让我第一次对自己的选股能力产生怀疑。

投资天士力的失败，让我发现对于一家企业来说，不确定性因素太多了。因为很多时候企业的成功和失败并不完全是由内生力量决定的，而是实力、机遇、时代甚至命运共同决定的结果。比起选中牛股，其实作为散户的我们更容易选中的是账上有300亿元现金却连30亿元债务都无法支付的康美药业，为梦想窒息直至退市的乐视网，虚增百亿元利润的大白马康得新，疫苗造假残害无数孩子且已经退市的长生生物，整个行业大厦崩塌的教育股，等等。这些股票无一例外是当年的超级白马股、绩优股，但最后的结果呢？

从一开始我就选择了价值投资,但经过数年的实践,
发现深度研究一家企业并长期持有不适合我,
从而转向了常识投资、长期套利和低风险投资领域。

很多时候我们希望自己可以选到皇冠上的明珠，不幸的是大部分时候却选择了黑天鹅。天士力的投资失败加之市场相当一部分大白马股的财务造假及踩雷事件，使我最终放弃了个股投资，将重心放在基金投资和低风险投资领域。

我的投资理论和雪球上大部分投资者不同。众所周知，雪球上的大部分投资者是企业研究派或者价值投资派，通过对企业进行深入研究，结合市场的估值来制定投资策略，经历了一段时间最终选择将价值投资作为投资的核心。而我不同，从一开始我就选择了价值投资，但经过数年的实践，发现深度研究一家企业并长期持有不适合我，从而转向了常识投资、长期套利和低风险投资领域。不过价值投资中对于人性的理解及长期持有的观念却成了我投资的核心依据。为什么会形成这样的理论？这种理论的实际含义是什么？让我一一道来。

"认识你自己"，这是古希腊伟大的圣哲苏格拉底的一句著名箴言。它被高高地镌刻在德尔菲太阳神庙上，以其深邃的思想恩惠着后人。

一个人最终会形成怎样的价值观和思想，基本上是注定的，也就是由基因决定。但这不是说他一生下来就具有某种思想，而是在后天的成长中，他会对他所学习到的东西进行选择，至于他将倾向于选择什么，基本是注定的。

有的人天生在某一方面就比你强，你再怎么努力，也比不过他们。承认自己不如别人不丢人，自知会使我们远离风险，不自知会使我们靠近风险。人和人天生是不同的，作为散户的我们一定要认清自己的长处和短处。选股需要用到的是大量知识层面的东西，比知识就是比学习，和机构比选股就相当于和机构中众多清华北大的高才生比学习。在学校我学不过他们，凭什么保证选股能选得过他们？

当散户投资者认清自己的不足,知道自己是个普通人,在资金、知识、信息量及其来源、话语权都不占优势的情况下,很难通过选股预测市场、通过技术分析战胜市场的时候,我们的思路就会发生改变,就会拿起我们最大的武器——常识。只有这时候我们才会发现,我们将离真理更近一步。这也是我的网名"散户的自我救赎"的由来。

我觉得作为一个投资者,尤其是散户投资者,最重要的一点就是"认识自我",如果不能认识到自己的优点和缺点,所有的投资方法就成了"浮云"。

我的投资理论核心:追求"资产价格不变收益率"

到底什么样的常识可以让我穿越牛熊,在这个无比残酷的市场生存下来?我认为有两个基本原则:

第一,自我认知,知道自己的强项和弱项;

第二,不论什么资产,只有在我长期持有过程中有"资产价格不变收益率"的时候才有配置的价值。

我把以上观点凝练成一句话,不管投资什么品种,我追求的最低标准(安全边际)是"资产价格不变收益率"。"资产价格不变收益率"是我发明的词语,有两层含义:第一,资产价格在我长期持有过程中最差的情况下也可以保持不变;第二,在资产价格不变的情况下,我还可以获得一定的收益(最好是年化收益率大于 10%)。

举个例子,中证 500 指数是近期大家讨论比较多的一个指数。我们知道当前中证 500 指数的估值处于近十年历史估值偏低的位置，近十年 PE（市盈率）的分位仅有 6% 左右，意味着在这十年间市场 94% 的时间里，中证 500 指数的 PE 估值都比现在要高。同时中证 500 指数是一个比较稳定的指数，由 500 只股票组成，覆盖了有色金属、新能源、半导体、军工、医药等绝大部分 A 股的行业，基本没有踩雷风险。我认为最悲观的情况就是十年中证 500 指数不上涨（资产价格不变），如果在这个指数不上涨的情况下，我获得的回报率就是我所说的"资产价格不变收益率"。

如果在这时候我们选择对标中证 500 的股指期货 IC，历史股指期货的年化贴水在 10% 左右，假设 IC 未来的贴水有少许缩水，即 8.5% 左右，保证金外冗余资金的收益率为 3.5%，则总资金收益率为 3.5%×8.5%÷10%≈3%；那么即使未来十年中证 500 一个点也不上涨，投资者也可以获取 11.5%（8.5%+3%）的年化回报率。11.5% 的年化回报率就是我所说的"资产价格不变收益率"，也是我的投资体系下真正的安全边际。

如果未来十年中证 500 可以获得历史平均回报率，即 8.9% 左右，那么投资 IC 获得的回报将为 8.5%+3%+8.9%=20.4%，即正常情况下，投资 IC 所获得的年化回报率是 20.4%，即"资产价格正常回报率"。

如果中证 500 股指处在相对低位，不排除以下乐观情况：中证 500 未来十年的年化收益率超过 10%，期指的年化折价也在历史平均的 10%，投资者理财水平出众，保证金外冗余资金的收益率达到 5%；那么投资 IC 所获得回报将为 10%+10%+5%×0.85=24.25%，即"资产价格超额回报率"，但这种回报率是可遇不可求的。

"资产价格不变收益率"是我投资理念最核心的部分，我的大部分仓位也是依据这个准则建立的，说起来简单，但想把它吃透弄懂，其实背后需要有大量的知识储备。

写给投资者的话

这些年来，我通过资本市场实现了财务自由，曾经的梦想变成了现实。我现在的身份是一名职业投资人，我想告诉那些进入资本市场不久的新朋友或者还在资本市场迷茫徘徊的老朋友：

资本市场真的可以实现我们的梦想，但前提是你要有"无比的热爱"和"正确的方法"。"无比的热爱"是我们能坚持在投资的道路上一直走下去的动力，而"正确的方法"是我们未来长期盈利的保证。

不走寻常路，做一个清醒的局外人

局外人 – 苦行僧

投资笔记

对于大多数人来说，不要抱有靠投资带来人生突破性改变的想法。因为股市的残酷最终会让很多人认识到，提升能力、改善工作收入是更为实际的想法，这也是我这些年一直在做的。如果仍然坚持想要靠投资改变人生，那就要在策略上做到有快有慢。

我的策略是在投资方向上选择"快"，专注于那些企业发展或业绩在中短期有迎来爆发可能的成长股，但这非常难；在交易心态上坚持"慢"，研究并认可企业发展之后远离市场，不看盘、不做T、不关心股价短期波动，把时间更多地投入对企业本身的研究。

股市最稀缺的不是追涨杀跌的人，而是那些坚守能力圈、不追逐热门的人。@局外人-苦行僧就是这样一位稀缺的投资者。他从一开始亏损严重，不断进阶，逐渐形成了自己的投资体系，并且通过投资改变了自己的命运。在他身上，我们又能得到怎样的启示呢？

生活充满阴差阳错，但努力可以改变人生

我不是那种含着金汤匙出生的人，所以在面临人生的重大选择时，我都需要权衡家庭和个人的诉求，然后折中做出选择，再通过努力去改变。

时间回溯到高考阶段。那时候，在对兴趣爱好并不那么清晰的情况下，我填报的志愿清一色是金融学。现在想想，我骨子里对金融应该有一种与生俱来的热爱。但很遗憾，在家人的干预下，我把大多数的志愿改成了与计算机相关的专业，最后进入了一所计算机专业在全国都较为知名的高校就读。虽然结果不错，但这是我在面对人生转折点第一次的身不由己。

现实不可能事事如愿，甚至不如愿是常态。毕业后，同样因为一些现实的需要，我阴差阳错地进入了一个自己并不喜欢的行业——这是面对人生转折点第二次的身不由己。好在我是一个目标非常清晰的人，所有的妥协在我看来不过是站稳之后的跳板，而非得过且过的理由。因此，从入职的第一天起，我就告诉自己："10年之内我要做出一个改变！"于是，在与自己的10年之约临近之际，经过了很多艰辛和努力，我迎来了人生的第三个转折点——进入一个全新的领域。

现在回过头看，这个结果可以说远超我当初的预期，甚至完全改变了我的生活。面对这个结果，我很清楚没有随随便便的成功，这是10

年从未改变的信念、努力和汗水铸就的结果。我不想用过多的笔墨去描述努力的过程，每个人都有自己的方式，但更重要的是那种对目标永不言弃的信念。我始终相信，努力可以改变人生，虽然世事无常，但每个人的人生都是由自己塑造的。

投资让我的人生实现了第二次改变

与雪球上很多起点较高或者科班出身的人不同，我是一个真正从零开始、从最底层一路走来的投资者，也是一个标准的散户。

2015 年，股市进入"疯牛"阶段，市场上到处流传"散户赚大钱"的消息。我也和其他新手一样，扛着"炸药包"在"疯牛"结束前义无反顾地冲进 A 股市场。

作为股市小白，别说选股了，我连怎么交易下单都不知道。于是，我在朋友"稳妥起见"的建议下买入了一堆大蓝筹，再开了个小账户用几千元钱练手。牛市末期的疯狂可以让无知者无畏。可能是性格上天生敢于冒险的缘故，我小账户上的资金在半个月左右的时间就实现了翻倍，而买入的大蓝筹不但一分未赚，还亏了一些，于是我开始"飘了"。

接下来的日子里，看消息、追热点、频繁交易成了生活主旋律，我试图把投入的资金赚够了取出来，再捞一笔长期留在股市投资。其间，我也抓到了一些翻倍股，眼看既定的小目标就要实现了，牛市却走到了尽头。随后而来的暴跌、救市、熔断……一轮轮"股灾"下来，越是抱有期望，亏得越惨。最后的结局就是本金亏损超过 60%，剩下一抹零头黯淡退场。

要命的是，那时候我刚结婚，对于只身来到陌生城市、只能靠自己打拼的年轻人来说，投入股市的资金是我们毕业这几年仅有的积蓄，也是家里等着要用的。自此，家庭的和谐被打破了，我和家属陷入了激烈的争执，感情急转直下。但我告诉自己："我永远不会认输，从哪里跌倒就一定要从哪里爬起来！"于是我开始一边学习一边实践。

在学习方面，我每天早晨6点之前必定起床开始学习投资，然后带着满满的收获开始一天的生活。其间，为了逼迫自己更好地学习投资，我还顺便考了一些与金融相关的证书。这个习惯从未中断，一直到换了新工作之后，才时常被每天忙碌的工作打断。

在读书方面，我只选择专业的和经典的书籍，不会在其他书籍上浪费时间。所以，我阅读的要么是考证类教材，要么是国内外被广泛认可的经典书籍，至于国内很多人写的书和一些技术分析方面的书，我几乎是没有看过的。这样日复一日地对专业书籍进行学习，让我对投资的理解和认知有了快速的提升。

在实践方面，我采用"开源+节流"的策略。首先，我想尽了一切可以赚钱的办法，然后把赚来的每一分钱投入股市；其次，我对自己狠到连打个车都舍不得，把节约的每一分钱投入股市。

在"开源+节流"的策略下，我的资金不断汇聚；在"每天阅读专业书籍+研究买入企业"的策略下，我的投资逐渐走上正轨。加上运气的成分，日复一日的坚持渐渐迎来了从量变到质变的突破。是的，在这里我必须强调运气的成分。

自进入股市以来，我投资赚钱的个股很多，但印象深刻的并不多。从运气角度来说，印象比较深的是航天彩虹和先河环保这两只股票。对于前者，主要是冲着它当初的主营业务电子薄膜去的，没想到买入后就停牌了，随后是高精尖的军工无人机资产注入，带来的是收益直接翻倍；对于后者，是冲着党的十八大后对环境保护的重视，环境监测一定会迎来行业发展机遇，没想到的是国家决定设立雄安新区，带来的也是收益直接翻倍。这两只股票的收益对于我起步阶段的资金积累起到重要作用，但不得不说这确实是靠运气赚的钱。

此外，印象比较深的股票有广联达、分众传媒和中科三环。这三只股票开始持有的时间比较接近，而且持股周期基本在一年以上。

我比较看好广联达的建筑数字化业务和 SaaS[①] 转型。数字化在今天提得比较多，但在当初来看还是比较超前的，而且建筑领域的数字化护城河比较深，不是一些互联网大厂轻易能做的，需要"建筑+IT"的复合能力。

分众传媒这家企业争议较大，当初在阿里大手笔入股的时候大家无限看好，但天生冷静、不爱凑热闹的性格让我只是默默地旁观着，直到股价从 12 元跌落至 7 元，市场开始一片看空和谩骂时，我慢慢地买入了。在深入分析和思考了公司的护城河、发展前景以及与新潮传媒等同行相比的竞争优势之后，7 元、6 元、5 元，甚至 4 元，它越是逆势下跌，我越是坚定地买入。

至于中科三环，过去我在雪球发布了 30 多篇文章，进行了比较细致的分析，也算是提前预判了公司 2022 年业绩高速增长，笃定之下甚至卖了一套房子，在低位坚定加仓，成为投资以来赚钱最多的一只个股。

对于这三只股票，我基本买在无人问津甚至一片谩骂之时，而在股

---

① SaaS：Software as a Service，软件运营服务。

价达到预期、市场逐渐热闹之后坚定离场，收益实现了翻倍。

反面的个股，印象较深的股票有吉比特、黄河旋风、新纶新材和欧菲光。对吉比特印象比较深是因为它让我改进了交易系统，在股价达到预期之后坚定离场，而不是跟随市场成为乌合之众，股价越涨预期越高。当初我买入它也是因为市场看衰、股价一路下跌，但我预期新冠疫情导致居家，加上摩尔庄园游戏上线会带来两次流水暴量。后来股价确实在摩尔庄园上线后的短暂风靡下反转并接近前高。我曾经很认真地思考是否卖出，但看了雪球上一些投资者高呼股价要破千之后也不太淡定了，算了算800元应该是可以的，紧接着就是摩尔庄园的急流勇退之下迎来股价的大幅回撤。这次经历让我更加坚定了"永远不要与市场情绪为伍"的决心，市场情绪真的一文不值甚至价值为负，百试不爽。

对黄河旋风、新纶新材的印象较深是因为曾经看好和心动过，尤其黄河旋风是当年智能制造领域的大热股。但随后在深入的分析中我产生了怀疑，也算是靠研究避免了踩坑，躲过了市值大幅回撤的风险。

2019年前后，我的账户市值达到了一个新的高度。这个时候，我认为时机已经成熟了，往后在此基础上的涨跌盈亏应该不会再让家属有太多情绪上的波动。于是，我将当前的市值和这几年所做的一切坦诚地告诉了她。当时她的表情非常诧异，家里突然多了这么多钱也让她比较开心。更重要的是，自此我取得了她的完全信任，拥有了对家庭财产的自由调配权，她不再参与和干涉我做投资决策。这让我彻底放开了手脚，也为最近这几年的投资奠定了基础。

时至今日，我所获得的市值已经数十倍于最初。只不过，实际的收益没有市值看上去那么多，因为这期间有我持续不断的投入以及在可控范围对杠杆资金的使用。但不可否认的是，当前我绝大多数的家庭资产来源于股市。资本市场确实是一个神奇的地方，它既可以让一个富裕家庭数十年的积累瞬间湮灭，也可以让一个穷小子以自己从未想过的速度走向财富自由。

坚持独立思考，做一个清醒的局外人

无论在工作、生活还是投资上，我一直不是一个循规蹈矩的教条主义者。我之所以给自己取网名"局外人-苦行僧"，是因为我认为无论在工作、投资还是生活中，投资者都要坚持独立思考，做一个清醒的局外人；另外就是要明确自己的目标，并真正用心地对待、全力以赴地追逐，做一个永远在路上的苦行僧。在投资上，我还有一些思考，希望和读者朋友一起探讨。

1. 对于价值投资的理解

从绝对价值投资的角度来说，投资就是享受分红，对股价涨跌的关注度可以为0。但我更愿意定义为以实业思维投资，发现企业未来的价值并以当前更低的价格买入。这里容易产生三个误区。

（1）忽略股价波动。不要听这种忽悠的声音，在中国乃至全世界，不关注股价的投资者几乎是没有的。任何东西太贵了就要权衡其价值，就像巴菲特卖出中石油、比亚迪也不例外。

（2）长期持股不动。如果时间拉得足够长，就会发现这种观点的偏颇。万物皆周期，没有长生不老的人，也没有长盛不衰的企业。长期持股应该鼓励，但这种期限建立在企业发展良好的基础上。所以，不能以永远不单吊一只股,确保即便遭遇"黑天鹅"之类的灭顶之灾,也仍然有机会依靠剩余资金东山再起,而不是回到起点重新开始原始积累。

一句简单的"长期持股"就替代对企业持续的研究和思考。

（3）买入大蓝筹才是价值投资。这种观点是绝对错误的，2017年之后核心资产行情的破灭甚至部分企业的衰落已经说明了问题，那时候"核心资产是王道、中小股票仙股[①]化"的声音甚嚣尘上，当时我就觉得这种声音错得离谱，哪个企业不是从小公司发展起来的？投资的核心一定是企业价值而不是规模。

2. 找准自己的定位

"慢慢变富"是投资上普遍认可的一个理念，我也很认可，凡事欲速则不达。但我对这个理念有自己的理解。对于那些投资起步就是数千万元乃至亿元身家的人来说，投资稳健第一，靠吃股息已经足够。但对于更多像我一样从零开始的投资者来说，想要靠投资改变人生，那点股息是没有意义的。

所以，对于大多数人来说，不要抱有靠投资带来人生突破性改变的想法。因为股市的残酷最终会让很多人认识到，提升能力、改善工作收入是更为实际的想法，这也是我这些年一直在做的。如果仍然坚持想要靠投资改变人生，那就要在策略上做到有快有慢。

我的策略是在投资方向上选择"快"，专注于那些企业发展或业绩在中短期有迎来爆发可能的成长股，但这非常难；在交易心态上坚持"慢"，研究并认可企业发展之后远离市场，不看盘、不做T[②]、不关心股价短期波动，把时间更多地投入对企业本身的研究。

---

① 仙股：意指其价格已低于1元，只能以"分"作为计价单位的股票。
② 做T：意为做差价。通过低买高卖，把成本价降下来。

3. 把投资当作一生的事业

马斯克在星舰发射失败后的反应能给人带来很多思考，很多时候我们失败不是因为没有能力，而是从一开始就没有 all in[①] 的决心。很多人喜欢以股龄来论资历，我们不妨问问自己：即便入市 30 年，你确定自己真的认真对待投资了吗？从决定不认输的那一刻起，我就逐渐从整个体系设计上做好了接受失败并承受一切的准备。

大体的做法可以归纳为如下几点。

（1）确保工作和投资两条腿走路，给人生上双保险。如上文所说，这些年我不仅在努力学习投资，也在努力寻求工作上的突破。只不过，目前的工作太过繁忙，每天几乎没有个人的时间，导致我在投资研究上投入的精力大幅减少。这也是我每天危机感最强的地方，我一直在努力寻找平衡和解决的办法。

（2）股市之外配置好家庭资产，确保即便市值归零也能让家人的生活不低于原本应有的标准。这也是我起步阶段延续下来的做法，那时候几乎是靠自己额外的收入和结余去积累的，对家庭生活没有太多影响。

（3）除（2）之外的所有资金全部投入股市。毕竟从长远来看，股票确实是收益最高的资产，而且既然要当事业来做，就不能用简单投一点玩玩那样的态度，必须逼迫自己全力以赴。

（4）永远不单吊一只股，确保即便遭遇"黑天鹅"之类的灭顶之灾，也仍然有机会依靠剩余资金东山再起，而不是回到起点重新开始原始

[①] all in：原为牌类游戏术语，意为全部押进，即押上全部筹码；投资中可理解为"全力押注""放手一搏"。

积累。

（5）杠杆资金永远保持在可控范围。这一点可能争议较大，如同不懂股市的人视股市为洪水猛兽一样，大多数人对杠杆持反对态度，但我并不反对。对于一些很好的买点甚至历史级别的机会来说，买入就是大概率的赚钱；而且如果没有杠杆，我不可能有今天的收益。只不过比较冷静的性格让我能坚持把杠杆控制在资产可控范围，即便遭遇最坏的情况也可以不减仓就把杠杆资金还上。投资者如果做不到这一点，一定不要用杠杆。

（6）做好以上这些之后，就是全力地投入时间、精力去研究企业，做好最坏的打算，然后放开手脚去做投资。任何事业都需要投入，目前我每天主要把时间花在工作和股票，剩下一点花在陪伴家人和朋友、参加应酬、运动上，几乎没有什么业余爱好，也挤不出什么时间。

4.真实地面对自己

对于我而言，这句话有三层含义：

（1）不参与市场热点。当一个行业或者一只股票成为市场热点之后，投资者这时候去参与，本质上就是盲目从众的跟随，而不是自己独立思考的结果，这一点不能自欺欺人。更重要的是对于投资而言，热闹的地方永远是最危险的，因为市场情绪的价值为负，而且人人参与研究的领域，我很难有能力去发现预期差。这也是我这些年从未参与主流热门板块、始终坚守清冷寂寞的原因。

（2）不分析热门股。每个人来股市的最本质的目的都是赚钱，而不是做价值投资的信徒、高谈阔论，甚至是"涨粉"。所以，抓住这个最本质的目的，研究好持仓标的、赚取收益就好，其他一切无关的事情都不重要。就算去分析没有持仓的热门股之类的事，你最终也会发现没有多少意义。

（3）不做技术分析。专注于微观企业的价值研究，不做任何技术分析。因为我根本就不信这东西，在我看来，那些不过是情绪共振的结果，而情绪永远不可靠。我也不认为自己有任何能力去驾驭技术分析，那就把有限的时间用在本就艰巨的企业研究上。

5. 永远做一个充满爱的人

这句话也有三层含义：

（1）保持对这个世界的爱。无论宏观世界如何变化，几千年的历史告诉我们，社会一直在向前发展，世界会更加美好。只有保持对未来的乐观，才能做好投资。

（2）保持家庭的平衡。金钱不代表一切，爱是这个世界更重要的东西，无论怎么忙碌，都要兼顾对家人的陪伴。孩子的童年只有一次，人的生命也只有一次，再回首，希望你不会留下遗憾。

（3）保持对别人的关爱。爱是这个世界正向反馈最强的东西。你投出去的每一份爱，能够温暖别人的心灵，量变的积累也大多能形成质变的反馈。改善人与人之间的沟通，能让自己的内心更加舒适，以更加积极向上的心态去工作、投资和生活。

我想给自己再定一个10年之约：10年之后，如果事业和投资能达到我理想中的状态，就抽出身来，以那些我爱的人的名义，去做一些捐资助学的事情。因为在我看来，在扶弱济贫这个问题上，扶智才是最根本、最有效、最长远的解决办法。

贝塔终归属于时代，阿尔法才属于自己

量子复利

投资笔记

我的投资体系可以概括为：通过中小盘量化策略，努力控风险求收益，追求稳健高效的长期复利。我主要通过量化选股的方式，在中小盘市场挖掘优质个股标的；通过策略组合和轮动交易，以长周期应对市场风格变化。以分散持股和策略组合的方式，控制非系统性风险；以仓控择时和股指对冲等方式，控制系统性风险；在承担相对较低风险的情况下，实现相对较高的收益回报。

这个投资体系有两个明显的特点：一是小而美，二是策略比较稳健。一方面，我们专注中小盘量化这个方向，运作起来非常灵活；另一方面，我们目前的策略成熟稳定，风控体系比较严格，在实践过程中也非常有效。

@量子复利（王岩）是一个典型的工科男，也是一个科幻迷，对物理中原子、量子等有着特别的感情。严谨低调、不喜张扬的性格，让他一直在中小盘量化策略上闷声赚钱。他凭借强大的策略持续开发能力、技术基因优势，以及阿尔法①捕捉能力，正走向量化私募的前列，成为"球友"交口称赞的黑马。

投资对于他来说是一个顺水推舟的过程，找到自己的能力圈优势，重复做正确的事情，达成投资目标就是水到渠成的事情。相信他的投资经历和经验分享，能给读者朋友带来更多启发。

创业赚到的人生第一桶金，助我走上了投资之路

我是一个"80后"，出生在北方的一座城市，从小就是一个科幻迷，对天体物理非常感兴趣，喜欢探索天文科技、UFO外星人等知识。

小时候，我的书包里总装着一本科幻小说，放学后经常约上小伙伴一起看科幻电影，比如《星球大战》《终结者》《异形》《2001太空漫游》等。这些电影总能让我深陷其中，想象力得到很大的满足。这个爱好一直保持到现在，近年来我比较喜欢《阿凡达》《变形金刚》和《三体》。

我一直认为，整个社会未来还是会往科技方向发展，生活中我也痴迷于研究国际的一些先进技术，所以大学的时候我选择了自动化专业。因为我对物理特别感兴趣，特别关注一些趋势性、规律性的东西，所以我对自动化和互联网技术钻研得较深入。大学期间，我发现互联网正在慢慢兴起，出于多年对先进科技发展趋势的敏感性，我预感互联网一定

---

① 阿尔法（Alpha）：是指一个投资组合或证券相对于市场平均收益率具有的超额收益。

是未来一个非常重要的发展方向。因此我联合同学，做了一些互联网项目。

这个过程非常有意思。21世纪初互联网兴起不久，网上的资料虽然不多，但找起来也比较费劲，所以我们在找资料的同时就会把它们收集起来。但是收集了很多资料以后，存放和分享也是一个问题。我们就想能否搭建一个网站将这些资料整合、发布，于是建立了一个音乐在线视听系统。

至于后来我们把它做成创业项目也是机缘巧合，最初并没有打算盈利。后来互联网广告业务兴起，我们发现只要网页内挂上一份广告代码，每个月就可以产生一些收入。随着网站流量越来越大，收入也越来越多，我们又开辟了多种收入渠道，直到逐渐演变成一种商业模式。

我们团队陆续做过音乐和资料论文的网站，但这些网站后来因为版权问题被关闭。我们又觉得健康应该是未来社会一个主流话题，于是开始往健康方向去做。2005年，我大学毕业之后就把这些项目孵化，成立了一家互联网公司，我主要负责网站程序开发与数据处理分析方面的工作。之后我开启了长达10年的创业之路。

当时互联网公司像雨后春笋一般冒了出来，投资也非常火热。我们公司也曾有过获得风投的机会，当时央视旗下的一家创投公司想投资我们公司，但要求很高，而且我们的团队要被打散。我们团队的成员从成立之初就并肩作战，彼此间有比较深厚的感情，与这种半投资、半收编的方式相比，我们还是更愿意自己把公司做起来，所以当时就拒绝了。在团队的努力下，公司很快步入了发展的快车道，实现了比较好的盈利。

在赚到了人生的第一桶金后，我想利用这笔资金做投资，但当时没有合适的投资项目。正当我埋头苦寻投资项目的时候，有一次我浏览的网站页面弹出一个基金和股票方面的广告，当时我感到很神奇，竟然有这么多公司的股份在这里自由买卖，并且研究之后发现里面的很多公司估值当时并不高。这让我发现，不一定要去投资项目，投资股票背后的公司或许是一种更好的方式，顿悟之后仿佛打开了一番新天地。从此一入股市深似海，转眼15年已经过去了。

投身学习和实践，发现投资并不简单

我入市投资股票是在 2007 年。当时公司运转日益平稳，在好奇心的驱使下，我在兼顾本职工作的同时开始投资股票。一方面，我通过大量的学习来补充投资方面的知识，阅读关于基本面分析、技术分析、财务分析的书籍，基本上与投资相关的书籍都在我的阅读清单之列；另一方面，一边学习一边实践，一开始做主观基本面的投资，即价值投资，主要买低估类或成长类股票。

我做投资的初衷是投资股票背后的公司，免去在现实中找不到好的投资项目的烦恼，但做了一段时间后，才发现当初的想法过于理想化，投资并没有想象中简单。

投资前要判断公司是否优秀，行业是否有足够的空间，成长估值是否有足够的安全边际，然后对行业和公司进行跟踪和动态评估。在这个过程中，我需要搜集很多数据资料，还要储备其他的优秀公司，作为换股备选或等待未来合适的投资机会。初始阶段我还能坚持挑灯夜战，等做久了之后发现要跟踪的东西太多了，要看的公司数据也越来越多，尤其在财报发布的时间段，数量之多以至于跟不住、看不完，很多时候错过了好的投资机会。

当时在工作之余，我每天都要投入很多的时间和精力去寻找我想要的投资信息。即便这样，也很难快速找到比较有投资价值的标的，同时无法快速判断我的投资方法是否有效，以及有效程度到底如何。如果完全靠实战去验证，周期太长，时间成本太高，比如某个方法需要实践5年、10年才能看到效果，这样肯定是让人无法承受的。我开始寻找更高效、更好的方式解决这些问题。

努力形成差异化竞争优势，聚焦中小盘量化

在不断的摸索和实践中，我找到了快速筛选数据、快速验证策略的投资方式——量化投资。从事专职量化投资后，我的投资体系不断地迭代完善，盈利也越来越稳定，用我朋友的话来说，就像"打通了任督二脉"。这可能由于我的能力圈和投资禀赋同量化投资比较匹配，所以相对来说，我做量化投资还是比较得心应手的。

在产品成立之后，我的策略经过了两次比较大的迭代，最终聚焦中小盘量化。刚开始做这个产品的时候，我对产品的预期是容量够大、收益稳健、波动可控，所以做了"中小盘策略＋基本面策略＋择时对冲"这样的组合。在运营过程中我发现，长期股指对冲的成本很高，股指期货的波动和我们的持仓的波动也不是很匹配，于是在2020年以后，就拿掉了股指对冲，放开了波动控制，只在面临风险的时候做对冲。

我们决定放开波动控制主要基于以下三点：第一，波动控制的本

质是择时，从收益角度来看，在大多数时候保持高仓位是最佳选择；第二，投资逻辑扎实的投资策略，其净值曲线是波动向上的，这种波动有着明显的均值回归效应，而有均值回归效应的波动不是风险，真正的风险是你能否承受得住这种波动；第三，随着市场趋于成熟和波动幅度相较以前降低，叠加量化选股下的多行业配置相对稳定，这种波动是相对可控的。

从实际运行情况来看，在产品放开波动后，实际净值波动依然是低于对标指数的，和原来策略组合的波动相比也没有明显增加，或者说波动增大的感受并不明显，说明放开波动对我们来说是兼顾风险和效率的合适选择。当然，放开波动控制并不是绝对的，如果在指数高位，大概率会产生永久性损失和发生系统性风险时，我们会加上股指期货期权的对冲保护，目标同样是追求稳健高效的长期复利。

在此之后的两年左右，我们保留了基本面策略，但几经调整和迭代后，其表现还不是让人特别满意，和中小盘策略相比还是有不小的差距。起初，我们加入基本面策略的初衷是提高资金容量、降低波动。因为我们的资金比较少，容量太大没有意义，波动也没有降低多少。对比衡量之下，我们认为中小盘策略最合适，尤其在大幅波动中相对业绩表现更好，回撤修复时间也更快，于是我们陆续退出了基本面策略，只保留了中小盘策略。

从回测和实盘的过程来看，相对于基本面策略，中小盘策略的超额收益和夏普比率相对更高，交易频率也相对较高，从统计学的角度来说更加稳定。该策略在涨跌的过程中会不断地产生轮动收益，所以下跌时的幅度相对比较小，反弹的时候涨幅能够快速跟上。在这样的对比之下，中小盘策略的优势显而易见。

目前我们聚焦中小盘量化，在中小市值的股票里，先从财务角度剔除有 ST 退市风险的股票，再从财务、量价、规模等因子角度，进行择股和轮动交易。在产品净值回撤过大时，我们会采用股指期货期权对冲的方式来降低风险。

从自身来看，中小盘这个方向很好，而且我们在这方面积累了很多经验，有比较成熟、稳定的策略，从规模和风格偏好来说，都非常适合我们。从市场的角度来看，在这个方向更容易形成差异化优势。首先，可以避开与大机构博弈的信息劣势，对于那些百亿元级、千亿元级的公募和私募来说，市场前 30%~40% 的中大市值股票是它们的主战场，竞争比较激烈。而中小盘股票，更多的是中小机构和个人投资者参与其中，竞争相对没那么激烈。最重要的是，我们都知道规模大小对投资方向和投资收益的影响还是挺大的。我们自身的规模比较小，会有更多的风险收益机会，相对更灵活，操作更容易。所以我们的产品未来也会以中小盘量化这个方向为主，专注这个方向，做精这个方向。

努力控风险求收益，追求稳健高效的长期复利

我的投资体系可以概括为：通过中小盘量化策略，努力控风险求收益，追求稳健高效的长期复利。我主要通过量化选股的方式，在中小盘市场挖掘优质个股标的；通过策略组合和轮动交易，以长周期应对市场风格变化。以分散持股和策略组合的方式，控制非系统性风险；以仓控择时和股指对冲等方式，控制系统性风险；在承担相对较低风险的情况下，实现相对较高的收益回报。

很多时候,我们都错把时代的贝塔当成了自己的阿尔法。实际上,贝塔终归属于时代,只有阿尔法才属于自己。

我的投资体系有两个明显的特点：一个是小而美，另一个是策略比较稳健。

一方面，我们专注中小盘量化这个方向，应用的策略本身就属于小而美的类型，策略容量相对来说比较有限，在 5 亿~10 亿元。但我们目前的基金规模距离策略容量阈值还有非常大的空间，这也带给我们一个好处，就是运作起来非常灵活。我们目前规模比较小，策略也非常成熟，专注中小盘量化，总体而言算是比较典型的小而美的风格。

另一方面，我们目前的策略成熟稳定，风控体系比较严格，在实践过程中也非常有效。目前的风控体系主要包含两部分。一是分散持股和轮动交易。个股分散和行业分散能够有效控制个股和行业的快速下跌风险。轮动交易本身也能够不断创造阿尔法收益、抵御部分下跌风险，从历史回测和实盘数据看，大部分波动能在这里解决。二是期货期权对冲。在分散持股和轮动交易的基础上，如果产品净值的回撤还是很大，控制不住，比如超过了 20%，那么我们会用股指期货期权进行对冲，先对冲掉部分仓位，度过风险期之后我们再恢复回来。

虽然很多时候我们没有办法提前预知风险，但可以通过科学的风控方法，把超预期的意外风险转化为可控风险。如果市场下跌后接着往下走，我们就把对冲加上去，直到净值能够保持相对稳定；如果之后市场开始上涨，我们就把对冲逐步撤下来，这样依然可以享受资本市场的上涨，规避了意外大幅回撤的风险，也不会因为规避风险而错失了收益。

寻找创造阿尔法的能力

投资这么多年下来，我有一个深刻的体会，就是做股票投资一定要有创造阿尔法的能力。

记得2007年我入市的时候,好像买什么都赚钱,觉得股市就像印钞机一样。当时印象比较深的应该是中国石化,在当年算非常大的大盘股了,竟然也有一倍多的涨幅。经过一段时间后,我发现大家都在赚钱,而且这只股票的价格越来越高。因为当时我自己也做公司,知道公司赚钱其实并没有那么容易;但当时的股市赚钱太容易了,所以还是比较警觉的。

雷军说,站在风口,猪都会飞。时代的贝塔[①]映照在每一个人身上,都会折射个体的成功。那个时候整个市场涨得太快了,股市几乎人人在赚钱,掀起了全民的赚钱热潮,甚至出现了存款大搬家,媒体的报道铺天盖地。但2008年之后,很多股票开始涨不动了,那时候我比较清晰地感觉到方向不太对了,风险正在逼近,所以我提前退出了股市,基本上把2008年的下跌完全躲过去了。

从2005—2008年股市的波澜壮阔,再到持续暴跌、一泻千里,包括后来2015年的"股灾",我们可以看到有很多特别悲惨的案例,爆仓清盘的不计其数,甚至有证券公司跟着亏了钱,很多股票跌得不成样子,腰斩都算好的,很多股票直接"膝盖斩"。很多人进入股市都抱着美好的期望,然而残酷的现实是大多数投资者先赚点小钱然后亏了大钱,甚至最后亏光。很多时候,我们都错把时代的贝塔当成了自己的阿尔法。实际上,贝塔终归属于时代,只有阿尔法才属于自己。

几次"股灾"带给我的震撼非常大,当时我就考虑:如果未来市场发生了极端风险,我们要怎么做才能够保证自己存活,才能够持续地从市场获得收益。这是一件非常重要的事情。

---

① 贝塔(Beta):评估股票风险的指标,衡量的是股票价格相对于市场平均水平波动的比率。

做价值投资提倡的是越跌越买，但如果市场一直在下跌，在跌了百分之二三十的时候，发生了系统性风险或金融危机，那么此时该何去何从是很难决策的，那会是一个很可怕的事情。如果按照主观投资这种方式，那我或许只能去硬扛，但是能扛多久、能不能扛过去，我是没有把握的。所以后来我做基金的时候，就非常注意风控。当净值回撤比较大的时候，我们必须及时介入，做股指期货或期权的对冲，从而防范这种极端风险，把回撤尽快控制住，等风险过后再逐步放开。

我也在思索，如何才能稳健地从市场获得阿尔法，这也促使我后来坚定地选择了量化投资这个方向。优秀的量化策略可以基于市场波动进行交易，从而产生阿尔法收益。有效的策略模型具备较强的阿尔法捕捉能力，最终聚沙成塔，可以产生很惊人的复利收益。

在我过去的这段投资历程中，比较成功的就是研发了目前使用的这套中小盘量化策略。这套策略获取超额收益的能力比较强，超额收益也相对比较稳定。其中比较有意思的是，我们现在的这套策略经常会提前捕捉到一些涨停板的股票，市场有很多人在追逐涨停板，我们不用追逐，就可以时不时地收获一些涨停板。

从收益归因的角度来说，我们的策略收益主要来自两部分：持股性收益和交易性收益，有点类似贝塔收益和阿尔法收益。好的时候不用说，收益肯定是往上走的；在中小盘风格不好的时候，持股性收益的表现通常也不太好，但交易性收益基本上不受影响，这类逆风时段主要靠交易性收益拉动净值。基于这样的特点，在面对不同市场风格时，策略的适应能力比较强，受风格影响的主要是持股性收益，对交易性收益的影响并不大。

中小盘在2016—2018年受政策收紧和推动注册制等因素影响，表现非常差，中证 1000 指数跌幅超过 50%。而我们的策略在这个时间段，还能保持净值相对稳定且有不错的盈利，可以说这个表现非常不错。未来遇到类似情况，我们也有信心坚持下去。比如 2022 年我们的策略表现就是这样的，通过分散持股控制住了个股和行业的快速下跌风险。

向投资前辈学习，把正确的事情重复做好

对我影响最大的投资大师是沃尔特·施洛斯，我比较欣赏他的投资方式。他与巴菲特师出同门，投资方法却有很大的不同。施洛斯偏重定量分析，更喜欢投资小公司，更多地通过一些指标和数据来看公司是否值得投资，然后筛选出一批这样的公司做成组合，赚钱了然后卖掉，再买下一批符合他投资要求的公司。我觉得这个方式跟我们做量化还是挺像的。

沃尔特·施洛斯非常客观、理性，他认为很多东西应该交给数据，以数据为依据去做投资。他被称为"最保守的投资大师"，但 48 年累计回报超过 1200 倍。他认为，投资者应该采用能使他们安稳睡觉的投资哲学，严格遵循所选的理念并长期坚持。对于我来说也是一样的，我会不断地坚持并完善自己的投资体系，不断地研发迭代自己的投资策略。只要策略没有问题，我就坚持执行下去，把正确的事情重复做好。

我也希望能够做成一个小而美的基金，能够有一个很长的投资历史，在基金行业留下一些记录和痕迹。沃尔特·施洛斯能够坚持做投资这么多年，而且做得这么好，是很厉害、很不容易的，他是我投资之路的学习榜样。

聚焦赛道

与伟大的公司同行

初入股市，你可曾感到彷徨和迷茫？
市场先生喜怒无常，你又该如何抉择？
他们不断摸索，聚焦长期增长的领域；
他们持续研究，寻找下个伟大的企业。
坚持投资，属于你的赛道就在前方！

一套房和一辆车,开启了我的投资宝箱

痛快舒畅

投资笔记

对于个人而言,我认为投资最重要的事情就是用闲散资金投资,这是保持投资心态平稳的最好方式。当然,这一切建立在对行业、趋势和公司的判断上。

如果要对同样初入股市的朋友说一句话,我希望大家快速找到自己的能力圈,作出自己的判断。股市会很高效地反映"我们的认知"与"市场的认知"之间的差异,并体现在收益上,因此我们应通过快速的反馈与修正来建立自己的投资逻辑和观点。当然在投资初期最好避免使用杠杆,保证学习阶段的心态平稳才是最重要的。

房子和车子是每个人一生绕不过的主题,房子给予我们稳定安逸的生活环境,而车子则可以提升生活幸福感。但对@痛快舒畅来说,房和车更像是一把钥匙,开启了他的投资宝箱。

两次超前认知,改变了我对投资的看法

我接触投资源自我的父亲。大概在 1996—1997 年,资本市场在全国遍地开花,我的父亲第一时间就参与其中了。说是参与,但那个时候父亲对股市基本上没有概念,大都是听消息操作。经过几轮的沉浮之后,股市也似乎被他遗忘了。父亲的经历并没有给我带来投资启蒙,反而使我对股市的看法一直比较消极。

直到 2013—2014 年,事情开始发生转变。当时从事地产行业的我和朋友探讨:到底有哪几家房地产公司能够从这一轮发展中脱颖而出。我毫不犹豫地选择了"融创"——原因很简单,在当时的一轮房地产需求增长中,随着城市化进程的加速,增速最快的将会是改善型需求;并且,我很快就结合数据做出"基于人口和消费周期的购房趋势"的判断。后面 1~3 年的市场变化也完全印证了我的判断(政策的突变原本就不在判断之中)。

但基于这个判断,我的选择是购房,而朋友的选择是投资股票。结果一年后,我买的房子开始横盘[①],而他买的股票价格翻了接近两倍。2014 年中,朋友为了购房清仓了股票,一次性付款买了一套三居室。而我转过头看看自己,同样的起始资金,我依旧需要偿还 20 年的贷

[①] 横盘:又称盘整,指股价在一段时间波动幅度小,无明显上涨、下降趋势。

款——这算是超前认知对应不同行为决策带来的差异吧。

这是资本市场给我上的第一课。但即便如此,在那个时候对于股市,我依旧有一种天然的排斥。

时间来到2018年,我有了增购新车的需求,彼时的北京已经限制燃油车指标,转而开放了新能源牌照。于是,我开始研究新能源车市场,也顺便研究了当时的造车新势力和相关的公司。

很快我就购买了自己的第一辆纯电动车——比亚迪秦EV。这款车在那个时候,可以说是除了进口版本的特斯拉以外,续航最长的车型了。这款车虽然外观一般,但开起来之后,我隐隐感觉燃油车的时代可能会被改变了。于是2018年底,我开始鼓动身边所有想要买车的朋友,建议他们如果想要拿到北京车辆牌照,就尽快切换至新能源指标。身边八九个朋友都在当时切换了新能源指标,并在一两年的时间增购了新能源车型,有买比亚迪的,也有买吉利、蔚来、小鹏的。但最让我震撼的是我的一个同事,在我的鼓动下他并没有先买车(因为指标至少需要1年的时间才能拿到),而是选择先买股票——结果很简单,当他切换好指标可以购车的时候,已经通过股市赚到了30万元买车的钱,而时间也仅仅1年而已。

一套房和一辆车,两次相对超前的认知带来了完全不同的操作和结果。我开始重新审视自己的判断:能否把自己的一些认知通过资本市场变现?于是,我经常开玩笑说:一套房和一辆车,是我转变对投资市场看法的最直接因素。

一次简单的尝试，引发了我对价值投资的思考

我第一次进入资本市场，还是抱有尝试性的心态，购买的第一只股票是沃森生物。当时沃森生物刚好处在舆论的低谷——陷于出售公司的舆论风波，通过监测高频的疫苗审批数据（现在已经不披露了），也让我意识到了这也许是一次比较不错的困境反弹的机会。当然在2022年卖出时，我最终也取得了不错的收益。

第一次"偷袭"成功，更多代表的是一次机会主义的尝试。但我常常反思：困境反转这样的机会经常有吗？

其间，我也曾经尝试房地产的短期行情。但最终的结果也就是整体行业上涨的平均水平，并没有获得超额回报。这也让我思考：关于房地产业的认知，在当前的局面下能否成为超前认知呢？如果没有，那我们如何找到具有投资价值的公司呢？如何充分利用自己的优势来发掘有价值的公司呢？

从业者到使用者再到投资者，我构建了投资体系

作为曾经的房地产业从业人员，我在2020年前后就已经意识到：房地产的红利期已经基本结束，那么作为一个一年新房销售额超过十万亿元级别的行业，有什么行业有足够的空间能够替代它，成为下一阶段中国经济的核心驱动力量呢？

而汽车作为普通消费者除房地产外最大宗的消费品，正式进入了我

的视野。新车加上汽车供应链的年销售金额超过8万亿元，这样的市场规模和容量是非常值得想象的。

刚好，我是第一批新能源车的使用者，能否把自己对新能源的认识转变为超前认知，并在资本市场变现呢？于是，我顺理成章地选择了新能源这条既陌生又熟悉的赛道。"陌生"，是对汽车行业缺乏足够了解；"熟悉"，在于作为新能源车的超前消费者，我对新能源行业的现状、变化和发展还是有些自己的见解的。

既然想要变现自己的认知，还是得回归到投资逻辑——"常识＋逻辑＋数据"的思考框架和分析思路。

我从政策、趋势和行业数据着手，先慢慢地梳理行业的关键因素，再结合高频数据进行验证并梳理逻辑。于是，在2020年底，我基本确定了自己的投资思路：新能源整车—核心动力电池—关键矿物资源。

对于热门的新赛道，要保持敬畏之心

感触最深的当数2021年和2022年比亚迪的两次大跌（从峰值回落40%），当时雪球有很多"球友"表示扛不住了，纷纷向其他人提问对市场的看法。对于我而言，说一点担心都没有，那确实有点不太真实。但当我聚焦于行业发展态势和企业基本面的深度研究之后，的确没有那么紧张。一切最终还是要回归对行业基本面的判断上，如果趋势还在、基本面向好，当下的波动充其量属于扰动。用平和的心态对待过程中的扰动，对于我们每个人而言都是至关重要的。

其实，从2023年初到现在，很多人会发现新能源赛道股的热度下投资的本质是一场孤独的游戏。在这场游戏中，如果有观点，不妨大胆假设并小心求证。用"常识＋逻辑＋数据"，更容易建立自己的投资方向和策略。

降了。原因很简单，掌握定价权的资本才是影响市场的风向标。但是，对于我这样的普通投资者而言，投资的本质是一场孤独的游戏。在这场游戏中，如果有观点，不妨大胆假设并小心求证。用"常识+逻辑+数据"，更容易建立自己的投资方向和策略。而对于热门的新赛道，我们要保持敬畏之心。

回归具体的投资策略调整方面，通过最近两三年的持续跟踪，可以明显地看到新能源相关行业开始进入第二阶段的增长期——由中国走向世界。原先只考虑中国市场的空间，到2025年就能看到增长的天花板。但随着出口数量和份额的增加，一旦海外市场的天花板被打破，增长的空间将会是国内空间的2~3倍。

2022年，中国已经超越德国成为世界第二大汽车出口国，如果不出意外，2023年全年中国将会超越日本成为世界第一大汽车出口国。同时，未来能够走向世界的不仅是整车企业，还有来自中国的汽车供应链，特别是智能化和新能源相关的供应链，也会伴随着新能源转型迅速成长和壮大。而这是经济从内循环进入外循环的一次全面突破，也是从中国制造到中国品牌全面对外输出的又一次历史性机遇——也许2025年，我们将会看到一个又一个全球化、全品牌化的"新能源价值链"全面崛起。

致新手朋友的话

作为一个投资经历不足4年的投资者，我依旧属于投资市场的"菜鸟"，还没有经历一轮完整的"牛熊周期"。我虽然经历过大跌，但依旧对市场的趋势有信心。

对于个人而言，我认为投资最重要的事情就是用闲散资金投资，这是保持投资心态平稳的最好方式。当然，这一切建立在对行业、趋势和公司的判断上。

如果要对同样初入股市的朋友说一句话，我希望大家快速找到自己的能力圈，作出自己的判断。股市会很高效地反映"我们的认知"与"市场的认知"之间的差异，并体现在收益上，因此我们应通过快速的反馈与修正来建立自己的投资逻辑和观点。当然在投资初期最好避免使用杠杆，保证学习阶段的心态平稳才是最重要的。

深刻理解企业，拥抱星辰大海

Bigpendan

投资笔记

投资中我认为最重要的事有四件。

（1）选择与谁同行很重要（选择与国运相关的行业和企业）。

（2）在任何行业，保持好奇心很重要，对任何新的事物和模式都要有足够的敏锐力（保持一颗永远学习的心）。

（3）做自己擅长的事，懂得做减法（做自己真的能看懂的行业，个人投资者不可能鱼和熊掌得兼）。

（4）要有多元化思维和包容性（不要有任何傲慢和偏见，要开阔思维，愿意接受新生事物和概念）。

他自称一位"80后"大叔。拥有16年航运从业经验的他，发现了中远海控这片星辰大海。随着理解和分析的不断深入，中远海控成为他的重仓股。但中远海控并不是他的唯一标签。自他投资以来，买过的公司有几十个，深入研究的公司也有五六个。他认为，一个人如果没有用几百个小时去研究一家公司，就没有对这家公司的发言权。

在生活中，他拥有诸多爱好，旅游、美食、音乐（吉他）、养花种草、极限运动、潜水……当然，投资已经成为他最大的兴趣爱好，特别是先于市场认知的兑现，能让他产生巨大的满足感。他认为投资和生活并无多大摩擦，父母支持，自己也有充分的自由时间。在雪球，"球友"亲切地称他为"蛋总"，想必此刻你已经猜出了他的身份，就让我们一起来体会他的投资之道。

就在我想放弃的时候，价投突然拍了拍我的肩膀

我是 Daniel，雪球 ID 是 @Bigpendan，一位"80后"大叔，大学就读的专业是航海技术，毕业以后从事航运工作 15 年。我先是跟着一家航运公司在全世界周游了半圈，然后 2009 年我加入马士基，在马士基航运上海分公司任职整整 11 年。直到 2020 年我才辞职出来创业，还是做自己的老本行——国际物流。目前，投资是我的业余爱好，但它占据的时间越来越多。

我于 2014 年 12 月 5 日开户，但因为工作忙，基本没有时间研究。这期间我吃了很多亏，但就是不成长。投资不像背英语单词那样，多背几遍总能学会。与身边许多人一样，我也曾经左顾右盼、忐忑不安地度过那些至暗时刻。而就在我想放弃的时候，价投突然拍了拍我的肩

膀——2018年一次偶然参加的投资茶话会使我顿悟，随后我转向价值投资。

记得那是在苏州的独墅湖，有一位周老师举办了一届茶话会，他是巴菲特读书会的创始人。在那场茶话会上，我有幸听到了许多优秀老股民的分享，也突然意识到自己之前追涨杀跌的行为是多么可笑，才明白只有把"炒股"的理念切换为"投资"，将来才有出路。经过一段时间的思考，我犹如开了窍一般，非常清楚地找到了自己之前亏损的具体原因。

2020年，因为新冠疫情，我有了大量自由的时间，看了非常多的书，从而对投资有了更深刻的认知。其中，让我受益最大的一本是李录的《文明、现代化、价值投资与中国》，里面详细地阐述了中国经济运行规律和内在逻辑，也启发了我对不断变化的市场的探索和思考。通过学习不同的投资案例，我慢慢地形成了自己的体系。价值投资并不拘泥于具体的形式，能深刻理解优秀公司的内在价值，找到它并愿意陪伴它一起成长，本身就是一件幸福的事情。

我赚到第一桶金大概是在2019—2020年。那时新能源板块开始蓬勃发展，我选了先导智能、旭升股份及亿纬锂能3个公司，当年的收益率达到了108%，也实现了自己第一个小小的突破。当时之所以选择这3家公司，是因为这3家公司都属于新能源板块，市值比较低。先导智能是一家"卖铲子"[①]的公司，我认为很有前景。旭升股份当时直接与特斯拉合作，也是直接受益的。亿纬锂能是我最看好的公司，因为它同时有3个非凡的赛道：电子烟、TWS[②]和储能。而当时的储能处于刚刚开

---

① 卖铲子：一种商业模式，是指为生产另一种热门产品的辅助工具耗材的生意。

② TWS：True Wireless Stereo，意为真正的无线立体声。

始发展还远远没有产出的阶段，所以我认为亿纬锂能会是这 3 家公司中走得最远的一家。

再拿亿纬锂能举例来讲讲我的持股逻辑，主要有 4 条：第一，新能源是一个拥有长长的坡和无限想象空间的行业，未来行业的增速必将给公司带来巨大的发展机遇；第二，公司的可穿戴设备微型电池拥有强大的竞争力，进入了三星手机的供应链以及 ETC[①] 领域；第三，公司参股的麦克韦尔即后来的思摩尔国际即将在港股上市，给公司的估值带来巨大的提升空间；第四，在刘金成董事长带领下的管理层踏实肯干，一步一个脚印，带给我巨大的安全感。

投资这条路一步步走过来，过去的经历都成为宝贵的财富

还记得我第一次重仓亿纬锂能的时候，由于盲目自信，我的仓位管理得不理想。在亿纬锂能的股价从 82 元调整到 53 元的时候，我却没有办法补仓。这直接说明了仓位管理的重要性。在投资紫金矿业时，最早我在 3.9 元的时候就发现了机会，但是因为左侧等待时间的不确定性，我没有在底部加足仓位，以至于后来越涨越加。虽然自己最后的收益不错，但是远不如在底部重仓收益大。这说明了在底部（我们认知的）时上足仓位的重要性。

此外，投资中印象最深刻的失败案例是正邦科技。在我投资紫金矿业和中远海控之间的一小段时间，我选择了正邦科技。即使这个公司有很多争议，我还是过于看重它的盈利能力和巨大弹性，对于它后来居上并稳坐养猪行业第二充满信心。实际上当时选择这家公司时，有一个很

---

① ETC：Electronic Toll Collection，汉译电子不停车收费。

好的朋友向我分享了投资逻辑，所以刚开始我并没有做太仔细的调研。但后来我才发现这家公司存在一些很大的问题，比如公司连续 8 个季度业绩不及预期，其明明有机会向投资者敞开心扉，却依然选择给出错误的数据。这在我看来是非常严重的问题，于是我决定哪怕卖错也要卖掉。所以在持有正邦科技不到一个月的时候，我就卖掉了。

我喜欢爆发力强的公司。这类型的公司要么是困境反转，要么是业绩爆炸。而且我喜欢左侧买入，比如最早选择的沃森生物，以及后来的中远海控。

我首次关注沃森生物这家公司大概在 2020 年 3 月，当时我偶然看到一篇报道提到这家困境反转的公司，便找了相关的研报来研读，后来发现这家公司在市场存在巨大的偏见。很多人认为这家公司经常大额减持，不尊重中小投资人的权益，之后发生的贱卖上海泽润"电话门"事件更是导致公司股价大跌。但我经过仔细研究与思考后，渐渐发现每家公司都有自己的成长辛酸史。沃森生物作为第一个研发出十三价肺炎疫苗的公司，拥有无与伦比的研发能力和工匠精神。而作为管理层成员的黄镇、李云春二位，坚持用科研技术引领公司发展，不迎合市场，用自己的减持去维持公司长达数年的艰辛研发，这才有了今天的沃森生物。

沃森生物对我的投资生涯影响很大。2020 年我持有过沃森生物，这只股票在很短的时间从不到 50 元涨到 96 元，股价翻倍。当时我刚学会给公司估值，明明知道公司对应的市值已经透支了当时的业绩预期，但是我被短期的巨大涨幅冲昏了头脑，在一路下跌的路上不但没有减仓，反而加仓，导致最后从巨大的盈利变成了亏损，损失惨重。这段经历也告诫自己，股价的涨跌经常是偏离理性的，我们需要时刻保持客观和冷静，尽管这一点很难做到。

投资这条路，一步步走过来，其间难免有坎坷。但是这些过去的经历都成了我宝贵的财富，在我后来投资中远海控的时候，过去犯过的错误都没有再犯。

中远海控是我目前投资生涯最成功的案例，也是目前赚得最多的一只股票。我在2020年9月买入中远海控，随着调研的深入和理解的加深，我意识到这是一个千载难逢的历史性机会，从重仓买入到全仓单吊，收获的不仅是市值的增长，更多的是这一路的颠簸。我和很多优秀的投资人一起，对公司的基本面研究得比较透彻，几乎可以说了然于胸。我们坚信价值一定会回归，也加深了对资本市场的理解和感悟。

在坚守中远海控的过程中，我经历了投资路上最孤独的时刻。2021年初，中远海控以各种原因遭遇了大概7个跌停。当时不仅是市值遭遇了巨大回撤，最关键的是，我调研认知的公司事实与股价走势竟呈完全相反的趋势；再加上自身不断遭受来自各个方面的质疑，质疑我的严谨、质疑我的专业性、质疑我的能力，让我深深感受到资本市场的残酷。那段时间，我只能打完自己最后的子弹，无人倾诉，陷入了巨大的孤独。

但投资中最开心的时刻也是中远海控带给我的。那是中远海控一季报预增出来的那天，我清晰地记得是3月8日。预增的结果是154亿元，和我预测的147亿元相差很小，当时我的内心一阵激动和狂喜，我知道我的坚持会有回报。

抛开偏见，尊重常识，不要幻想抓住所有的机会

个人投资者不要幻想抓住所有的机会，因为每一个看似机会的背后，都可能有个大陷阱。2021年4月去英科医疗调研时，我曾经想要

配置一些仓位到英科医疗上。但后来仔细想了想还是放弃了，一方面是因为调研的时间过短，还不够了解；另一方面是因为听到管理层对于第二季度的预期——扩张产能导致的价格战会带来价格的巨幅波动。现在回过头来思考，在这个市场，机会和风险是并存的。对于我们想要参与的投资机会，如果没有几百个小时的深入研究，我们往往分不清什么是机会、什么是风险。

我认为散户应该牢牢抓住公司的基本面，关注点不必过于分散，因为人的精力是有限的。尤其对于很多有本职工作的投资者来说，研究过于分散，一定不会太深入，而且任何公司都是动态变化的，需要时刻保持跟踪，投入巨大的精力。

投资策略方面，我认为最好能取得第一手的调研数据，不要迷信机构研报，而应实际接触公司乃至公司上下游产业链，从宏观层面了解公司长期发展情况。散户相对于机构来说，天生具有信息获取的劣势。我们要想获取真实的数据，往往需要了解公司，但是做到这一点并不容易。我建议大家尽可能地参加股东大会，与对公司有深刻调研的投资者多交流讨论与学习；同时要想办法接触公司的上下游产业链，更好地把握公司的产销情况。记得我们当时调研英科医疗的时候，结识了很多经销商，从而可以密切关注销售情况以及价格变动。

投资是一个复杂又艰难的过程。我们常常听人说，"我最近买了只股票，亏了30%，太倒霉了"；又或者听说，"我买了这个公司，才赚30%，要是买另外一个，就有50%的收益"。但斌曾经在采访中说过一件事，他十多年前向朋友推荐茅台，结果第二天茅台就跌停，朋友骂他没水平！后面的事情就不多说了，这就是我不愿轻易向别人推荐公司的原因。

真正的投资，要深入研判企业的基本面，弄清楚企业过往的发展历史、目前的行业位置、未来的发展方向。这中间包含了一个重要因素，就是企业完成预定的产业布局和确立行业地位需要的时间。而作为投资者，我们的投资时间轴跟这个时间紧密挂钩。很多投资者一旦研究好企业，会选择提前布局，静待企业开花结果；而有的投资者，会选择放弃头部的等待时间，等企业启动了再介入，虽然牺牲了一部分利润，但是节约了时间成本。这是两种不同的投资策略，但都有一个共同的前提，就是对企业的状况有深入的了解和认识，只有这样才能对投资企业的时间轴进行灵活的判断。

要做好投资，一是要对公司有深刻的理解，没有这层理解，光凭口头呐喊"别人贪婪我恐惧，别人恐惧我贪婪"是压不住自己内心的恐慌的；二是要有信仰，投资就是投未来，无论建立了多么深的理解，未来始终是不确定的，总会出现各种负面消息扰乱投资者。而大多数的投资者，既没有做好第一点，也没有做好第二点，只能成为一个交易型投资者，高抛低吸，随波逐流。但大钱从不来自交易。

投资中我认为最重要的事有四件。

（1）选择与谁同行很重要（选择与国运相关的行业和企业）。

（2）在任何行业，保持好奇心很重要，对任何新的事物和模式都要有足够的敏锐力（保持一颗永远学习的心）。

（3）做自己擅长的事，懂得做减法（做自己真的能看懂的行业，个人投资者不可能鱼和熊掌得兼）。

（4）要有多元化思维和包容性（不要有任何傲慢和偏见，要开阔思维，愿意接受新生事物和概念）。

最后，想给初入股市的投资者一个建议：财不入急门，希望大家放平心态，先从提高自己的认知做起。

年少入坑,投资为我打开了"上帝视角"

胡紫怡 Zoey

投资笔记

集中持仓也是大道至简的表现。想要获得超额收益,其实用不着买一大堆品种去对冲,一个 ETF 已经分散了很多。或许最简单且有效的方式就是在货币宽松、整体市场低估的时候买入一个成长股指数,例如科创 50 和纳斯达克指数。

波动率大不只代表风险大,高弹性除了意味着在大幅下降的同时遭受亏损,还意味着在大幅上涨时享受收益。坦然地面对行业指数巨大波动的重要前提,是深刻理解行业指数和宽基指数之间的相关性。

"金钱不是真实的资产，我们唯一的、最重要的资产就是我们的头脑。人类其实就是在犯错误的过程中学习的。"这是《富爸爸穷爸爸》一书中的一句话。而 @胡紫怡Zoey 最大的优势，恰恰在于犯错误足够早，20 岁出头的年纪便在投资这件小事上拥有了远超于同龄人的成熟和见地。

她的出现可能会让你切实地感受财商教育的重要性。理财要趁早，投资是一项值得从小学到老的终身课程。投资于她而言，不仅是一个数字游戏，更是一本最生动的历史书。她非常享受于不断复盘资本市场的大事件，她相信走势图的背后是情绪的博弈，是国家的兴衰，是文明的缩影。

她很庆幸，在十几岁便开启投资之路，在 20 岁出头便注册雪球账号。

走上投资之路，全靠我的好胜心

我是 @胡紫怡Zoey，一位 2000 年前后出生的上海妹子，热爱生活，热爱追星。我 2017 年才正式开启投资生涯，目前取得的微薄成绩完全不值一提。在我短短 5 年的投资生涯中，不管取得怎样的成绩都离不开"运气"两个字。

我本科毕业于某"Top5"[①]大学数学系，现在于新加坡某"Top2"[②]大学中的一所攻读计算机科学博士学位。我以前是一个比较偏理工的"书呆子"，纵使我在读书方面有那么一点天分，父母却总是说我不会理财，

---

① Top5：前 5 名。
② Top2：前两名。

凭我的实力指定跑不赢通胀。每当听到此番评价，我非常不服气。父母的话激起了我的好胜心，我下定决心要把这件事情做到最好，必须超过他们。

后来父母给了我本金，引导我进入金融行业，并且在我有疑问的时候倾囊相授。现在回头想一想，有可能父母知道我有远超常人的好胜心，才用激将法引我入"坑"。

或许有人会产生疑问，为什么我在学习之余有这么多时间研究投资？一方面是因为我善于使用碎片化的时间和科技手段提升效率。我写文章一般是用语音输入的，例如微信语音、讯飞输入法，我可以发语音给文件传输助手，将语音转换为文字，复制粘贴就可以；然后在任意时间、灵感涌现的时候，我对着手机说句话就行了。

另一方面是因为投资是我的兴趣爱好。投资这件事情很有意思，这是把知识变现的最快方式，我付出的每一分努力都会体现在投资回报上。当我的同学把时间花在追剧、看动漫、旅游、"躺平"的时候，我沉迷于研究投资，因为我知道这是一件少有的力所能及且长期正确的事情。

"别人贪婪我恐惧，别人恐惧我贪婪"不仅适用于投资

尽管我没有切身参与多年前的股市，但是我会通过阅读股市的复盘和历史来设身处地思考自己会做出怎样的决策，以史为鉴也是我专栏的一个重点。为了投资美股，我回顾了 1980 年美国滞胀、2001 年互联网泡沫破裂、2008 年次贷危机以及 2018 年加息末期的经济衰退。这些文

章让我对美股的大势有了很好的把握。

投资为我提供了一个更宏观的视角，培养了我的大局观。在读书乃至研究课题时，我切实地感受到"自上而下"的必要性。在20年前土木工程专业是最火爆的，那个时候正值房地产的大时代，而互联网正好遇到了泡沫破裂。彼时土木工程专业随便找工作，计算机专业毕业就失业，但是20年过去了情况反转。

2022年，互联网泡沫破裂，各家互联网公司从盲目扩张、抢占市场份额，变成稳定市场份额、降本增效、稳健前进，从而对工作岗位的供给减少。这就意味着计算机专业的景气度也在下降。

这个过程告诉我，没有一直火下去的专业。火热专业的变迁，其实和股市领涨板块的变迁非常相像。所以我要选择一个有前景的研究方向，必须对经济的发展方向有深刻的理解，不然在错误的方向努力研究，越努力越错误。

我暂时得到的结论是：新能源和智能汽车革命将会成为下一个提升生产力的技术，因此我认为将人工智能技术用在新能源材料研发等场景可能会更有前景，也就是我个人简介中的"AI+Science"[①]。国内已经有相应的初创公司，将AI应用于分子模拟、药物研发和新能源材料设计。

但是"AI+Science"依然处在一个非常初级的阶段，因为大量的关于AI的研究依然集中在传统的计算机视觉、自然语言处理和推荐系统上。因为"AI+Science"需要相应的科学背景，例如新能源材料研发需要量子物理的知识，所以门槛较高，研究人员相对较少。不过我本科就读于数学专业，所以我具有复合背景，非常适合研究这个方向。

---

① AI+Science：人工智能与科学发现相互赋能的新范式。

我在选择研究方向时，也借鉴了投资中"别人贪婪我恐惧，别人恐惧我贪婪"的思想。现在 AI 传统的计算机视觉等研究方向涌入了大量的研究人员，如果未来这些研究没有办法转化为实际的生产，那么结局就是资本撤出，大量的研究人员失业，泡沫破裂；并且这个行业已经处在比较成熟的阶段，投资者这时想要进入这个火爆的专业，再去花时间研究，投资回报比较小。但是"AI+Science"是一个非常新颖的研究领域，由于它处在初级阶段，很多人担心这个研究领域的研究成果无法转化为实际成果，吸引不了资本。而根据我对新能源、半导体这些科技发展的观察，我觉得这些行业是可以投资的。这就是我和其他研究人员的预期差，也是我未来获取超额（研究）收益的来源。

量化使我赚了不少钱，但我选择皈依价值投资

我本科就读于数学专业，一开始通过教科书学习宏观经济学和货币金融学，以此作为入门，然后借助自身计算机专业的优势做量化投资。因为我入市时股市尚处牛市，做趋势投资是非常容易赚钱的，所以我赚到了第一桶金。

我当时的策略就是在几个行业 ETF 中利用趋势选出趋势最强的，然后跌破趋势线就止盈或止损，具体用到了通道突破和均线突破两种方法。我还记得 2017 年我基本上靠上证 50 和沪深 300 这些大蓝筹趋势赚钱。

但是我慢慢地发现，这种趋势投资还是要进行基本面分析，不是所有的东西都值得我去做量化分析的。例如，一个长期下跌的指数，2017年的时候是因为在 2015 年曾把中小盘、创业板炒得太高，所以导致其

股市本质上也是经济周期的体现。如果说经济就是不断地累积泡沫并出清泡沫的过程,那么股市便是把这个过程展现得淋漓尽致的一个地方。

跌了 3 年才完成调整。而大盘股由于市值大、位置不算高，并且 2016 年受益于货币宽松的经济复苏，股价上涨，这才是我能赚钱的本质。为了让自己的持仓更安心，避免量化中短线的反复止盈、止损，我认为熟悉基本面非常重要，这样才能让自己在下跌时不恐慌、上涨时不骄傲。

经过一段时间的思考，我认为价值投资的确更适合我。如果我有量化的才能，为什么不把这些数学和计算机的知识用在实业上？把同样的时间和精力，放在为社会创造更高的价值上，这或许是我这样的年轻人应当努力的方向。另外我对基本面、宏观经济的分析也形成了一套体系，而量化是纯粹把它当成一个数学问题，我并不是特别认可这个理念。

作为时代的一粒沙，我选择把握好宏观周期

我在读博之后特意参加了学校宏观经济学课程的学习，并获得了 A 和 A+ 的好成绩。成绩的正反馈也让我愿意继续深研宏观经济学。巧合的是在学校学习"利率的决定因素——泰勒原则"的时候，美联储正好第一次加息离开了零利率，给我上了生动的一节课。

有些投资者认为宏观经济的研究不重要，因其很久才会用到一次，例如 2001 年、2008 年和 2022 年，但其实这个说法并不准确。2020 年，很多投资者凭借成长股投资一举成名，背后的真实原因就是美联储史无前例的量化宽松，使得 2022 年末美债的规模达到了 31 亿美元，接近美债 31.4 亿美元的上限。尤其是中概互联网的个股小盘股，由于是亏损的"超级"成长股，其估值对利率极其敏感。如果不是美联储的神助攻，其实很多人并不会因投资中国互联网而出名。也就是说，这些人成功的小部分原因是研究了个股基本面，而大部分原因实际上是美联储宽松的

货币政策。随着美联储的加息缩表，中概互联网和美股的成长股（例如木头姐[①]的 ARKK 创新基金）都被打回了原形。

我认为要把宏观经济当作投资归因的一个重要因素。坦诚承认自己的收益更依赖贝塔并不可耻，合理认清自己收益中阿尔法的贡献，是搭建攻防兼备投资体系的基础。

股市本质上也是经济周期的体现。如果说经济就是不断地累积泡沫并出清泡沫的过程，那么股市便是把这个过程展现得淋漓尽致的一个地方。累积泡沫也就是降息、宽松货币、宽松地产、加大固定资产投资，资产价格水涨船高。资产价格上涨就会导致投机性贷款增加，把股市的估值抬高，累积了泡沫。经济过热之后就要加息、控制通胀，此时就是资产泡沫的出清。如果这些投机性贷款无法偿还，泡沫破裂，即进入下跌周期。下跌之后又要降息，矫枉过正。

在 A 股的猪周期和半导体周期中，也存在浅显的经济学原理，即经济学第一课就会学的供需关系。猪肉、半导体的价格为什么会上涨？因为需求增加。而价格下跌本质上也是因为需求下跌。那为什么猪肉和半导体的价格会产生周期性波动？因为供给和需求之间的错配。

假设你是一个养殖户，如果你知道猪肉价格涨了，你会去养更多的猪，但母猪存栏到生猪出栏要等 10 个月。因为很多人会扎堆在猪价上涨的时候去养猪，所以 10 个月后的供给就会剧烈增加。供给增加，需求不变，那么价格自然就下跌了。一旦价格跌到很多养殖户扛不住了，他们就会选择减产。减产到一定程度之后，供给又会减少，那么价格又会上涨。其中最本质的原因就是供给的增加要等 10 个月才能体现，而

[①] "木头姐"：方舟投资管理公司（ARK）创始人。

不是即刻的，所以价格没有办法及时调整，只会突然大幅变化。这就是供需错配的经济学原理。

半导体行业也是类似的道理，因为半导体从下单到制造需要一定的时间。把握好周期和供需关系，投资者就能够稳定地赚钱。当然半导体属于周期成长股，还受到成长性的助力。所以在研究企业基本面之前，先以史为鉴，分析目前行业处于大周期的哪个阶段，可能会让你的投资事半功倍。

在声音趋同的市场面前，保持独立思考

我擅长分析基金走势和收益来源，主要投资的品种是 ETF。之所以没有选择投资个股，是因为我深刻了解自己的精力与能力。个股研究难度远大于 ETF，高收益伴随高风险。特别是医疗行业，我不是医学专业出身，没有能力去衡量各个药企的发展趋势、患者数量、药品渗透率等，所以我会选择 ETF 或者基金。另外，由于我学业繁忙，但又需要灵活运作仓位，ETF 就成了最优选。

我持仓比较集中，因为我主要投资 ETF，已经做到了分散，没有必要再去把 ETF "摊大饼"，否则我为什么不买一个沪深 300 或者沪深 300 增强？我一定是通过集中持仓一个行业指数来获取超额收益。

集中持仓也是大道至简的表现。想要获得超额收益，其实用不着买一大堆品种去对冲，一个 ETF 已经分散了很多。或许最简单且有效的方式就是在货币宽松、整体市场低估的时候买入一个成长股指数，例如科创 50 和纳斯达克指数。

波动率大不只代表风险大，高弹性除了意味着在大幅下降的同时遭受亏损，还意味着在大幅上涨时享受收益。坦然地面对行业指数巨大波动的重要前提，是深刻理解行业指数和宽基指数之间的相关性。

我是一个批判性思维非常强的人，喜欢对事物刨根问底。我坚信如果市场上声音非常趋同，那么这个声音大概率是错误的。所以我经常大胆地假设别人的观点是错误的。

例如 2022 年 12 月 A 股的低估值问题。整体上来看，大盘股确实是低估的，但都是被个位数市盈率，破净的银行、房地产及基建相关的企业拉低的。而消费、新能源的估值其实并没有那么低。所以我会去思考低估值的结构，而这一次低估值的结构和往年不同。

此外我会思考低估值背后是否会带来逻辑的变化，而不是一味地因为低估值越跌越买。例如之前房地产、互联网在港股处于低估值，都创下了历史最低的估值，但是随着 2021 年房地产的"三条红线"、互联网反垄断，再加上居民加杠杆能力和城市化率见顶，以及互联网的用户增速见顶，它们的估值逻辑都发生了变化，从上升期变成了成熟期，甚至是衰退期。因此，我们必须在新的估值体系下重新对行业进行估值。

人们总憧憬成长，而我只追求慢变

研究员雷牛牛

投资笔记

在我看来，无论是技术分析，还是财报分析，都是投资中的术。而看清楚企业的商业模式和行业格局，才是真正的道，这也是投资中最重要的事。张坤几乎每次在定期报告里都会提及一句话：我们坚定持有商业模式出色、行业格局清晰、竞争力强的优质公司。这3个词听起来似乎有点空洞，但牛牛做一下翻译，应该就会直观得多：

商业模式——怎么挣钱？

行业格局——在哪里挣钱？

竞争力强——凭什么挣钱？

市场的一切充满矛盾，让人捉摸不透。如何辨别风险与机会？技术派与价投派，究竟该师从何门？高速成长背后的隐患是什么？如何权衡投资的道与术？

经历了一次家庭投资的滑铁卢后，他终于找到了答案。他不断总结和复盘每次交易的得与失，慢慢琢磨出一套适合自己的投资策略，在实战中坚守了3年，顺利收获了投资生涯的第一桶金。

因为简单易学的投资理念、生动有趣的投教内容，短短1个月时间，他的粉丝量就突破了10万。两年后的今天，他在全网积累了近70万的粉丝量。他就是雪球视频达人、财经UP主[①]@研究员雷牛牛！

请你认清现实，放弃幻想

大多数人开启投资之路的原因其实比较类似，都是在某段好行情之下，看到周围的人赚到了钱，一时心痒便在他们的带领下开始买入股票或者基金，很快就体验了投资带来的快乐，之后一发不可收。而我投资生涯的开端有些不同，第一次和投资接触，是从家庭投资亏损开始的，并且是暴亏！

2015年，我还在英国读书，而大我几岁的哥哥本科毕业后便选择了创业。或许是继承了父母的经商头脑，哥哥年纪不大就经营着一家不大不小的公司，在同龄人眼里，应该称得上小有成就。由于做生意，他需要经常往银行跑。有一次与他相熟的银行经理在处理业务之余聊到了当时的行情，说："股市表现非常好，我看你有不少闲钱在账户里，可以做一些配置。"哥哥过去是一个典型的"风险厌恶者"，从未接触过股

---

① UP主：uploader，即上传者，指在视频网站、论坛等上传视频、音频文件的人。

票,他在银行做过最大的一笔投资就是银行定存。所以一向谨慎的他,开始是拒绝的。但或许是为了给我今天的文章积累素材,抑或遇到了金牌销售,哥哥经历了长达半小时动之以情、晓之以理的"财商"教育后,竟然初恋般地心动了,怀揣着对资本市场的憧憬,当场便买了大几十万元的基金。

家人知道哥哥做投资这件事,已经是他经历了长达 3 个多月的连续亏损之后。那只基金的成立时间是 2015 年 6 月,恰逢上一拨大牛市的最高点。真不知道应该说是他的运气差,还是银行经理的择时能力强,哥哥买入之后,账户就没有一天翻红过。这还不是最惨的,最惨的是我哥遵循银行经理的建议,秉持长期持有的原则,持有了 8 年,基金净值最终跌到了 0.5。自此之后,股票和基金在我家成了禁用词,用我妈的话来说,这些东西都是骗人的。

在这样的情形下,我毅然开启了自己的投资生涯。2018 年的普跌,为我检验自己的投资水平和交易心态提供了契机。白酒和医药是我当时一直关注的板块。从业绩增速来说,它们有成长的特征;从消费类别来讲,兼顾防御的属性。但它们在 2018 年依旧遭遇了巨大的回撤。很多事情回头来看似乎很简单,但身临其境之时十分迷茫。当年跌幅之大、时间之久,我是继续执着地重仓这两个板块,还是选择更具防御属性的板块避险?我能否承担持续重仓甚至加仓的风险?这些是我每天都在纠结的问题。

或许是对自己前期研究的笃定,抑或自己破罐子破摔,心里有点不服气,不想认输,所以选择越跌越加。周围一起投资的朋友有的割肉离场,有的收手等反弹,我是为数不多"杀红眼的",只要有钱就往里面砸。一年下来,沪深 300 跌了 25%,而我那年的最大回撤接近 50%,由投资给我上的第一节课就是警惕风险,一定要学会控制预期、丢弃幻想、敬畏市场。

于不断加仓，账面显示的亏损是 30% 多。但因为仓位太重，我每天都非常焦虑和烦躁，最后为了回归正常的生活和工作，索性不看账户了。

事情终于在 2019 年迎来了转机，我重仓的白酒和医药股开始回暖，我也从亏损转为了盈利。到了 2021 年初，股票加上基金的账户盈利第一次突破 7 位数，这也算是我在投资上收获的第一桶金。自此我便热衷于给周围的朋友做一些金融基础知识的科普以及投资经验与教训的分享。在朋友的鼓励和建议下，我便决定踏实下来，开始运营自媒体账号 @研究员雷牛牛，为各位投资初学者提供实用性强的投基方法论。

任何事情都有两面性，虽然这段投资的结果是好的，但回想起这段惊心动魄的经历，我不由得一阵后怕。倘若医药和白酒的逻辑没有被验证，我是否会成为第二个"哥哥"，从此对投资避而远之？对我而言，投资给我上的第一节课就是警惕风险，一定要学会控制预期、丢弃幻想、敬畏市场。

随着对投资学习的逐步深入和几次勇敢的尝试，我朦胧中意识到，投资和骗人似乎并不应该完全画等号。只要学习基础的财务知识，研究资本市场普适性的投资方法，保持些许的理性，拉长周期来看，盈利不是一件特别困难的事情。

要想赚钱不辛苦，抓住主要矛盾大于一切

技术派说，投资最重要的技能肯定是灵活运用各项技术指标，因为散户收集和处理信息的能力薄弱，财务报表又晦涩难懂；但无论是信息还是财务数据，都会通过交易最终反映到 K 线上，所以结合 K 线和各

项指标进行分析和决策，是散户最直接也最经济的投资方式。

而价投派会告诉你，投资最重要的是研究企业的财报。因为财务报表是企业的照妖镜，任何蛛丝马迹都可以通过财报发现端倪，并且只需稍加学习，就可以结合财务报表给企业进行准确的估值。

乍一看，两方说的都很正确，但是细细研究，发现似乎均有漏洞。如果技术派是对的，那为什么富豪榜前100位没有一位是通过技术分析发家的呢？甚至连前1000位都没有。另外，反观历史上著名的技术派大师，晚年大多很悲惨，几乎没有一位能够善终。《股票大作手回忆录》的主人公利弗莫尔，投资一生，六次破产，最后开枪自杀；被吹捧为技术大神的江恩，他儿子亲口证实父亲并不能靠交易为生，更没有靠交易挣到什么钱，主要的收入来源是演讲和卖讲义，去世后仅留下不到十万美元的遗产。

相对地，如果分析财报是最重要的技能，那投资做得最好的应该是财务人员。但综观公募和私募，优秀的基金经理鲜有财务出身。随着价值投资的兴起，大家对财报的重视程度已经超越了以往任何时期。财报固然重要，但它只是基本面分析的一个小项，并且财报的数据也只代表过去，并不能预测未来。神化财报在投资中的作用并不可取，想要仅通过财报判断一家企业的投资价值是一种美好的奢望。股神巴菲特都说如果想通过财报给企业进行准确的估值，几乎是一件不太可能的事情，宁要模糊的正确，不要精确的错误。

在我看来，无论是技术分析，还是财报分析，都是投资中的术。而看清楚企业的商业模式和行业格局，才是真正的道，这也是投资中最重要的事。易方达基金经理张坤几乎每次在定期报告里都会提及一句话：我们坚定持有商业模式出色、行业格局清晰、竞争力强的优质公司。这

3个词听起来似乎有点空洞，但牛牛做一下翻译，应该就会直观得多：

商业模式——怎么挣钱？

行业格局——在哪里挣钱？

竞争力强——凭什么挣钱？

而这三者中，我觉得商业模式是根基，甚至一定程度上决定了后两者。那么到底怎么理解商业模式呢？与证监会对企业进行行业分类不同，我觉得部分经济学家的分类，似乎更适合普通人理解，也更直达本质。我们可以按照赚钱难度将所有企业的商业模式分为三类：赚辛苦钱、辛苦不赚钱、赚钱不辛苦。

赚辛苦钱的公司大多属于劳动密集型产业。比如代工厂，动不动十几万员工，人力成本高，管理难度大，对于上游的价格谈判能力比较弱，因为门槛不算高，所以竞争非常激烈。

辛苦不赚钱的公司大体可以细分为两种：一种是明显亏损的公司；另一种隐藏得比较深，从财报看会有少许的利润，但是这些利润并没有分配给股东，而是不断地再投入，比如更新生产设备、从事新的研发。一旦这种再投入停止或者新技术研发失败，财报就会明显恶化，说白了就是赚的钱左口袋进、右口袋出，账上没有充足的现金。

最后一种是赚钱不辛苦的公司。大家或许会疑惑，还有这种好公司？白酒就是典型的赚钱不辛苦的行业。首先白酒属于食品饮料赛道，这种品牌形象一旦建立，短时间很难改变，大家提到高端白酒，最先想到的肯定是茅台、五粮液。其次从股东立场来看，基本不需要大规模的再投入，赚的大部分钱就是实打实的净利润，可以进行慷慨的分红。比如白酒龙头，毛利率稳定在 90% 以上，卖 100 元的产品，90 元是毛利，扣除所有成本，净利润还有 50%。这种公司竞争相对没那么激烈，利润率又极高，不需要大规模再投入，属于典型的赚钱不辛苦的公司。

龙头，只存在于慢变的行业

基于上述投资逻辑，我最终形成了两个投资方向：一是投资行业龙头；二是投资长期稳定高分红的企业。

其实对于龙头的解释，大家并没有达成一致。用张坤的选股标准"商业模式出色、行业格局清晰、竞争力强的优质公司"来解释龙头的含义，我想是恰到好处的，但我还想加上一条——慢变。

我认为形成龙头的一个必要前提是在相对成熟的行业；对于高速成长的行业，很难有真龙头可言。因为龙头和短期的行业强者存在本质区别，比如这几年持续大火的新能源车，我认为不存在行业龙头，可能很多小伙伴会反驳，特斯拉已经有如此明显的优势，怎么可能不是行业龙头呢？但是如果你细细研究就会发现，目前该行业仍旧处于高速爆发期，现在新能源车的处境和 10 年前的手机行业非常相似，各大公司都挤进来分一杯羹。比亚迪这几年不断地从销量和技术上挑战特斯拉老大的位置，苹果、小米这些科技公司也在跑步进场。但凡特斯拉是真正的行业龙头，也不需要通过大幅降价来刺激销量，因为真正的龙头是有绝对定价权的。

我一般对高速成长中的行业比较谨慎，因为它们的变化速度实在太快了。我知道，很多人和我持有不同的观点，他们觉得成熟行业爆发力不强，无法获取超额利润，高速成长的行业有政策扶持，未来增长潜力巨大。但是如果你真的做过研究，或许就会得出不一样的结论。以空调为例，2000—2006年，空调开始大面积普及，市场增长迅猛，市面的空调品牌也是五花八门，但是各大厂商动不动就打价格战，恶性竞争。头部企业格力虽然销量高，但是利润不高，股价表现也非常一般。但2006年之后，行业增速放缓，不少小的空调厂商倒闭，行业洗牌，集中度迅速提升，格力、美的等少数龙头企业利润大增，股价也出现了几十倍的增长，这就是慢变带来的利润的提升。

价格被低估的普通公司，难道不值得投资吗？

"投资长期稳定高分红的企业"这一点，我是受到了高毅资产创始人邱国鹭的影响，他的那本《投资中最简单的事》我读过不下4次。他的投资核心要义有4点：①便宜是硬道理；②定价权是核心竞争力；③胜而后求战，不要战而后求胜；④人弃我取，逆向投资。

②和③应该同我上面提及的投资龙头有异曲同工之处，此处不重复赘述。而他给我最大的启发就是一直在强调便宜的重要性。大部分投资人渴望找到下一个茅台和下一个腾讯，但这样的机会不常有，近200年，A股和港股中伟大的公司屈指可数。发现"价格合理的伟大公司"的难度远远超过发现"价格被低估的普通公司"，即使是普通公司，只要足够便宜，也会有丰厚的回报。那何谓真正的便宜？是股价处于历史低位吗？是市盈率低吗？我觉得都不是，在我看来真正的便宜是能够长期稳定提供高分红的公司。

红利策略就非常符合我选择的标准，如果我将龙头的作用定义为进攻，那么红利在组合中的作用就是防守。红利因为高额稳定的分红，在下跌市、震荡市往往可以有非常可观的超额收益。比如 2023 年市场反复震荡，与红利相关的指数也是屡破新高，而股息率高在大部分时候也意味着股价相对在低位，被市场冷落。所以红利策略基本完美地诠释了邱国鹭反复强调的①和④。

具体实操方面，普通投资者可以将投资标的分为核心仓位和卫星仓位。不同投资标的的投资逻辑和买卖策略也是有明显差别的，所谓核心是指长期趋势震荡向上、波动适中、能获取市场平均收益的标的，比如沪深 300 指数、MSCI 中国 A50 指数[①]，还有红利指数。这些指数波动相对不大，我们需要做的就是借助估值图，在低估的时候分批买入，到高估的时候分批卖出，持有周期快则 1~2 年，慢则 4~5 年。对于这些标的，持有是核心要点，不需要频繁交易，选择它们就是为了获取相对稳稳的幸福。

而卫星仓位是指波动较大或者有明显周期性的品种，主要为了博取相对更高的收益。它们一般受市场情绪影响明显，不太适合长期持有，比如半导体、新能源、煤炭、钢铁等，一般来说持有时间相对比较短，除了考虑估值，还需要综合考虑市场情绪。如果实在不想那么麻烦，索性就定投核心宽基指数，只要能坚持下来，应该会有不俗的收益。

这就是我投资 8 年以来对自己投资方法的整合和分享，大概率算不上成熟，但确实是这几年自己的一些感悟，希望对大家有所帮助！

---

① MSCI 中国 A50 指数：由明晟（MSCI）公司从 MSCI 中国 A 股指数中挑选 50 只大盘股构建而成的指数。

投资股票是一件很有意思的事情

爆点投资

投资笔记

我认为投资中最重要的是要有自己的一套选股和仓位管理体系，然后严格按照体系来执行，并不断丰富和完善这个体系。我的投资体系总结起来就是：自上而下地选择受政策鼓励或者供需发生变化的行业，从中选出高增长优质个股，右侧买入进行趋势投资，集中持股，到达目标价位后退出，寻找下一个标的。

首先，自上而下选股。这些年我的体会是，买对了风口，即使没有选到最好的那只股票，收益率也不会差。如果自下而上选股，虽然企业基本面不差、成长性依旧，但由于不在风口，不受资金追捧，就很难在短期获得好的收益。其次，右侧买入、集中持股是追求确定性的具体操作方法。

他是一位 1996 年入市的老股民，虽然入市时间很早，但走了不少弯路，直到近几年才真正形成有效的投资体系。对于 @爆点投资来说，投资股票是一件很有意思的事情。当自己通过研究挖掘的股票，随着时间的推移，业绩一步步得到验证，由此获得丰厚投资收益的那一刻，便是他投资中最快乐、最有成就感的时刻。

从小道消息到技术分析，我开始敬畏市场

因为时间太久远，我入市的具体原因已经记不清了，应该是与当时的牛市有关，当时上证指数从 1996 年 1 月的约 500 点最终涨到了 1997 年 5 月的约 1500 点。我是 1996 年春节后入市的，当时需要 5 万元资金才允许开户，我和两个小伙伴一起凑了 5 万元，兴冲冲地开了户，就此开启追逐财富增长的生涯。

那时互联网还没有在中国发展起来，信息的传播速度很慢。你要想知道股价，就只能到营业部散户大厅站着看大屏幕（座位早就被大爷大妈们坐满了）。上千只股票在屏幕上轮流显示，要等好几分钟才能看到自己买的股票，几秒钟翻一页，要是不认真盯着看，再想看又得等几分钟。要是你想知道 K 线图是什么样的，就只能每周末买证券报纸来看。那时一到周末，我和另外两个小伙伴就凑到一起开始研究 K 线，哪个好看就买哪个。当时的我对股票市场一点也不了解，因此还闹出了一个大笑话。

那是在某个周末，我经过一番"研究"后发现耀华玻璃的 K 线图长得挺好看，于是决定买入。周一我起了个大早跑到营业部，经过漫长的排队等待后，终于轮到我使用终端机。我已然忘记当时是怎么搞的，最后买的是耀皮玻璃。有点印象的是，买的时候我心里还直犯嘀咕，莫非

我记错名字了?

还有一只印象很深的股票是四川长虹,那时涨起来真可谓气势如虹。我在它刚刚启动的时候就介入了,很幸运的是涨了一点就"下车"了,只挣了几千元。这只股票最终半年多翻了6倍,与深发展一起成了传奇。为什么说是幸运呢?对我而言,当时没有在这只股票上挣到大钱其实是件好事。因为如果挣到了,我一定会头脑发热,将所有的钱投入股市。而当时的我,只不过是凭借每周末报纸上的K线图来挑选股票而已。

回想起这一阶段的炒股史,我唯一的体会就是站着炒股太累,大厅里看盘不方便,既没有小道消息,自身也不懂技术分析。而获得小道消息的重要渠道之一就是大户室,因为营业部重视大户,所以我觉得肯定有小道消息。这个想法驱使我再次筹措资金,得以进入大户室。由此我成了"小道消息派"兼"技术派",进入自己炒股史的第二阶段。

进入了大户室,有了自己的单间,我开始如饥似渴地学习炒股。我每天的例行工作是开盘前和收盘后跑到营业部经理的房间打探小道消息。白天我与其他大户室的技术派共同研究技术指标,什么MACD(异同移动平均线)、RSI(相对强弱指标)、KDJ(随机指标)、宝塔线、布林线、周期理论、波浪理论。只要听说哪一个指标好用,几个人就凑到一起,用这个指标翻看所有股票的走势,验证指标的准确度。有消息我就跟着消息做,没有消息我就跟着技术指标做。

随后,上证指数在2001年6月14日2245点见顶后,资本市场就开启了波澜壮阔的大熊市,跌了4年,最终到2005年6月6日上证指数击穿了1000点才见底。由于进入了熊市,小道消息也越来越少,我只能看技术指标炒股。那个时候的我,虽然刻苦学习,但也是一知半解。对于技术指标到底应该怎么用，我是茫然的。由此带来的结果就是自己账户里面的钱越来越少，直到后来我已经没有打开账户看一眼的想法了。

从热衷于小道消息到沉迷于技术分析，就是我入市前4年的投资历程。2005年初，我卖光了所有股票，离开了这个市场。印象里当时的账户余额只剩下投入资金的10%。而实际上，2000年底，我就已经放弃了在股市发财的梦想，开始认真思考自己的道路。2001年，我找到了一份改变自己人生的工作，主要精力便没有放在股市上，甚至在2006—2007年的大牛市都没有再看过一眼股票市场。

现在回想起第二阶段的炒股史，对我来说还是有收获的。最大的收获就是对于市场我开始感到敬畏了，知道股市不是提款机了。

提升认知，收获股市第一桶金

2006年，我开始做实业工厂。随着年龄的增长、社会阅历的增加、生意的成功和管理经验的增加，我对许多事物的认知也发生了质的改变。对政治、经济、企业乃至股票市场都有了新的认识，初步形成了自己的想法。

恍然间，再次入市便是2014年。那年春节过后，我感觉股票市场的机会即将来临。理由很简单，就是房地产行业将要不景气了。这不是说我有多牛的宏观经济预判，而是从身边的朋友开始对房产投资持谨慎和怀疑态度，媒体天天提及房地产过热要调控、要转型得出的结论。房地产一旦衰退必然导致流动性增加，热钱没地方去了，再加上当时的沪深股市已经熊了多年，这两个因素让我对股市有了很高的期待。

春节过后，我做的第一件事就是激活自己的股票账户。因为多年没有操作过，原先的营业部也不在了。打了好一圈电话，我终于查到了自己的账户所在地，并把账户转到了离家近的券商营业部。一切手续办好后，我并没有急于入市。由于离开市场的时间比较长，我对股票市场有点陌生。但好在原先的一位小伙伴经过多次跳槽，已然成为一家金融机构的投资总监。我找到他聊了聊近期市场的情况，小伙伴劝我别着急，俗话说五穷六绝七翻身，等到七八月再入市最好，而且一定要买创业板，因为它代表新兴产业，已经走了两年的小牛市了。

等到 2014 年 7 月 28 日，我看到市场一根跳空高开放量大阳，心里别提多激动！久违的大牛市来了！那时我正在国外，无法办理资金转移入市的相关手续，十分着急。8 月回国后，我立即往股市投入资金，不但投入了自己的钱，还投入了公司账上的流动资金。

因为赶上了一拨大牛市，我的运气也不错，当时买的旋极信息、腾信股份和东方网力等都是这拨互联网牛市的风口，也成就了自己在股市的第一桶金。但现在回过头来看，这几只股票的基本面其实很差，只是因为赶上了"互联网+"这个风口才涨幅惊人。这也让我对政策、风口和赛道有了初步的理解。

投资最重要的事：建立一套选股及仓位控制体系

2015 年，我开始慢慢建立自己的投资体系。总结起来就是自上而下选择受政策鼓励或者供需发生变化的行业，从中选出高增长优质个股，右侧买入进行趋势投资，集中持股，到达目标价位后退出，寻找下一个标的。

首先，自上而下选股。为何要自上而下，而不是自下而上选股呢？这些年我的体会是，买对了风口，即使没有选到最好的那只股票，收益率也不会差。如果自下而上选股，虽然企业基本面不差、成长性依旧，但由于不在风口，不受资金追捧，就很难在短期获得好的收益。

2020年原油价格暴跌后，我就开始思考哪些标的可能会有收益。因为我的工作与塑料加工有关，所以我开始研究国内最大的改性料企业——金发科技。我当时选这只股并没有考虑口罩和熔喷料等因素，单纯就是考虑到"原油价格暴跌—化工原料价格下跌—塑料原料价格下跌—改性料利润率上升—业绩爆发"这个逻辑。后来我的逻辑也通过季报、年报得到了验证。我是在4月一季报出来那天跌停板7元多买入的，一直持有到将近20元才卖出，也算是我在2020年最成功的案例。

其实回顾一下历史就会发现，A股市场是存在周期行情的，用大小票举例来说：2011—2015年是小票行情，2016—2020年是大票行情，2021—2022年又回到了小票行情，这是整体风格的周期。具体到每一两年又会有不同的赛道风口，比如2021年表现最好的是光伏、新能源板块，2022年表现最好的是煤炭板块。这些赛道风口的形成其实是由强有力的客观因素支撑的。我认为要尽量尊重市场的选择，在这些风口赛道选择标的。

其次，右侧买入、集中持股是追求确定性的具体操作方法。2021年5月，我买入的齐翔腾达股价已经11元多了，从底部5元多算起已经翻倍。但是我经过研究后认为其业绩爆发及成长性的确定性很高，股价远未反映基本面情况，因此决定重仓买入，目标价 20 元以上卖出。化工企业的上一次周期高点是在 2017 年，经历了几年的调整，很多企业的业绩已经走出来了。齐翔腾达作为化工碳四产业链的龙头，前几年产品比较单一，近几年快速上项目，新开发了很多品种；另外它的生产线采用柔性设计，可以根据市场需求灵活调整，抗周期能力大大加强，业绩有望爆发。所以这个标的比较符合我的投资体系。

目前，我认识到自身缺点有两个：一是认知不够，对于持续一年以上的风口就不敢在高位买了，比如我从 2020 年就开始看好光伏和新能源，但是一直不敢买；二是耐心不够，每次完成一只股票的操作，我就想立即找到下一个标的，匆忙之中大概率就会犯错。

以卫宁健康为例，买的时候我很看好医疗信息化这个赛道，医院信息系统升级的政策风口、疫情影响下的互联网医疗，再叠加 SaaS 预期，我认为这个行业的龙头卫宁健康有望迎来业绩爆发。但是我持有了 7 个月没有等来业绩的爆发，反而是下滑。这种情况不符合我的投资体系，因此我卖出了。虽然亏损不大，但是时间成本比较高。

反思这笔投资，我便暴露了自己这两个缺点。一是我对项目制软件行业的理解还不够深。对于这类强调服务响应时间的医疗软件公司来说，地域原因造成行业集中度不高，技术原因造成行业门槛不高，我对这两个问题的理解还不够深。二是左侧买点的问题。买在左侧对于个人研究深度的要求更高；买在右侧虽然成本高很多，且持股心理不如左侧稳定，但右侧买点的确定性更强。

入市十几年的老股民都知道，技术分析是十几年前的绝对主流。在互联网不发达的年代，我们接触不到企业财报，也接触不到研报，更接一定深度的技术分析对投资是有很大帮助的,但是如果沉迷于技术分析就会使自己的格局变小,对行业及企业的认知就不够深刻,眼光就不够长远,格局就不够大。

触不到类似雪球这种有很多专业人士分享智慧的平台。那时候我们能做的只有看 K 线图，因此技术分析是我当年唯一可以接触并且学习的途径。

过去我在技术分析这条路上陷得很深，产生了一定的模式依赖。我认为一定深度的技术分析对投资是有很大帮助的，但是如果沉迷于技术分析，自身对行业及企业的认知就不够深刻，眼光就不够长远，格局就不够大。

我认为投资中最重要的是要有自己的一套选股和仓位管理体系，然后严格按照体系来执行，并不断丰富和完善这个体系。很遗憾，并不是每个人都能形成自己的一套体系，1996 年和我一起入市的几个朋友至今还停留在听小道消息、听别人推荐股票的阶段。

打不过就加入

这两年我也开始买入一些私募基金。这几年自己炒股的收益也不差，为什么会买基金呢？我的理解是如果自己炒股，可以阶段性地挖掘一些不错的股票，获得不错的收益。但是拉长到 5 年以上来看，还是比不上有投研团队和外部投研资源支持的基金，自己的能力同专业投资者的能力相去甚远。再加上我的投资风格属于激进型，专业投资者的风控肯定比我强。所以现在我把大部分资金用来购买私募，大约占个人可投资资产的 80%，自己操作股市的资金只有 10% 左右，还有约 10% 用于理财。

最初我选择私募的思路是考虑稳健型和激进型的组合搭配，后来通过在雪球等平台不断学习，逐步了解到选择私募要重点考察基金经理的选股逻辑、能力圈、规模和换手率等要素。多头方面，我开始按照基金经理的底层策略，如价值型和成长型等不同风格来搭配，并辅之以指增和 CTA[①] 构成最终的组合。

在研究私募基金时，我不可避免地需要研究基金经理的投资风格和策略体系。这些基金经理在阐述自己的投资理念和投资方法时，也逐渐影响了我，由此我越发注重研究企业基本面、行业拐点、趋势的形成以及风格的转换。

我认为投资股票是一件很有意思的事情，尤其是在中国股市。和很多股民一样，我们都不得不去关心国家政策、行业新闻及企业经营等诸多信息，每天大量的阅读也是乐趣之一。另外，每次的目标选择、每次的操作都是自己的决定，这是一个可以完全验证自我认知的行为。当自己通过研究挖掘的股票，随着时间的推移，业绩一步步得到了验证，由此获得丰厚投资收益的那一刻，便是投资中最快乐、最有成就感的时刻。

---

① CTA：Commodity Trading Advisor，商品交易顾问，也称作管理期货。

知行合一

财富是认知的变现

投资这门人生必修课,你该怎么学?
他们在无人问津时独立思考,
在人声鼎沸时保持理性,
最终建立了对市场先生的深刻认知。
投身实践,上下求索,
你终将拥有自己的投资修炼手册。

要走一百里的路，到九十里也只算完成一半

猪三哥

投资笔记

我想送给初入股市的投资者一句话——永远要算好自己输得起多少。我认为这是投资中最重要的事。也许曾有数不清的人给你描绘那些宏大的叙事："国运向上，永不卖出""与伟大企业共同成长"……但我还是想说，永远要算好自己输得起多少。

一方面，亏损一旦超过20%，心态会越来越消极，情绪影响交易动作的事会越来越频繁，这时候投资者很难连续做出理性的决策；另一方面，股市最常见的就是幸存者偏差，现在能发声的大部分是幸存者，看似投资成功的人更是幸存者，更多怀着同样理念的人早已无言倒下，而这恰恰是因为他们早就输得超过了底线。

"90后"本硕金融科班出身的他，已在股市摸爬滚打十余年。"行百里者半九十"是他很喜欢的一句话，目标是走一百里的路，那走到九十里也只能算走了一半。如果投资者的目标是在市场长存，那么这将会是一条永无尽头的路。投资者只要始终怀着"半满"的心态面向未来，保持学习的激情与钻研的精神，就会走在正确的路上。面对投资这件极其复杂的事，他认为只有持续迭代、提升认知、解放思想、实事求是、不断练剑与修心，才能真正做好。

"家传"技术分析，埋下最初的种子

我是一名"90后"，本硕就读于金融专业，毕业后顺理成章在金融机构（某券商自营）工作，在职场斗胆自称"资深"的研究员，在投资上也已经是沉迷股市十年的老股民了。我自学编程，在文科专业算得上比较会写代码的人；百家杂烩，技术价投打板画线都尝试过，在量化圈成了不太"正经"的一派。

第一次接触股市，恰逢 2007 年滔滔牛市，还在读中学的我看到爸妈每晚守着电脑，盯着那个叫大智慧的软件，一边飞快地点击缩放，一边激烈地分析甚至大吵。好奇之下，我也看起了那本翻皱了的《炒股就这几招》，字面上记住了 MACD、均线、波浪、江恩等来自"新世界"的单词。

看了几天秘籍我跃跃欲试，买了人生中第一只股票——铜陵有色。大牛市里，我短短几天就大幅盈利卖出，一时非常高兴。到了大学本科时期，学金融的不炒股怎么能行？我顺势接管了家里从几十万元亏到小几万元的账户，里面还躺着准备当传家宝的中国石油。一开始我路径依赖，重新学了各种各样的技术分析，跟着理想论坛的老大哥学习，甚至自己也编了不少指标。一段时间，有赚有亏，原地踏步，五花八门的知识倒是被动学习了不少。当时我一直觉得是自己的策略指标还不够完善，东修修西补补，体系越来越复杂，有了些盈利的迹象，但换手率和波动率越来越高。

真正赚到第一桶金，是学完《资产定价》这门课，了解到原来小市值很长时期在全球各个市场都存在持续溢价，以前只是听老股民说小票弹性大容易拉，其中竟还真有统计和逻辑的支撑。完全突破原有认知的领域令人沉迷，我逐渐学到了各种"市场异象"：低估值效应、动量效应、反转效应等。我的第一套翻倍的策略正是简单的"小市值 + 长期动量 + 短期反转"，刚好遇上了2014—2015年的大牛市，一时间我信心爆棚。不出意外，后面的故事也与多数人类似，"股灾"摧毁一切，千股涨停的亢奋景象让人操作变形，渐渐又开始"随心炒"，最后以大亏惨淡离场。

从隔岸观市到下海捕鱼再到琢磨撒网姿势，第一轮牛熊的经历就像是禅宗所言的第一重境界——"看山是山，看水是水"，游山玩水中渐知其形，山水间风云多变，却以为自己能呼风唤雨。不过事后看，似乎这也是必由之路。

在最激进的策略中，领悟最严格的风控

学习打板，应该是对我影响最大的一段投资经历。涨停、连板、"有三必有五"，游资的领地向来是短期技术分析的盲区，偶然的涉足，是我第一次走出技术分析可解释的小圈。

不断去刻意优化只是在追逐市场节奏，当市场机制转换时，代价是相当惨重的。

如果说股市的起伏就像快进的人生，那么打板玩法就是三倍速快进，把内心藏着的贪婪和恐惧都释放了。一年之内，从翻三倍再到腰斩，极致波动中我渐渐认识到了风险控制、回撤控制的重要性。原来风控、止损不是简单的"怕跌看空"，而是防止自己"上头"产生无法挽回的损失，是自己对市场的妥协。最怕的不是触发止损刚好在最低点割肉，而是那一刻不甘心导致的加倍买回。亏损一旦超过20%，心里的魔鬼便开始狰狞地浮现。

也是因为打板的经历，让我接触到一套新的分析框架——博弈分析。从曾经嗤之以鼻的"庄散二元论"到揣摩各类型资金心理的"黑暗丛林"博弈，就是这套框架的不断演进。估算各类资金的预期，评估市场状态或事件哪些超预期、哪些低于预期，再根据各资金的行为节奏去推演可能的场景，并在"绕不开"的阵地做好埋伏。这种"面向未来"的演绎式分析方法让我大开眼界，大大弥补了技术分析"面向历史"的归纳分析法的局限与呆板。

踏上量化之路，背离初心的奔途

最终，我确实走上了以量化投资为职业的道路，但一开始是个偶然。

第一次了解量化是看了那本绿得发亮的《宽客[①]人生》。从此我开始了漫漫踩坑之旅。有很长一段时间，我痴迷于琢磨各种技术指标，指标不管用时自然下意识地想，会不会参数不是最好的？为什么是20天均线？MACD参数为什么会是（9，12，26）？找到更好的参数是不是会

[①] 宽客：Quant 的音译，量化从业者的自称。

更好？当时我刚好在研究数学建模，初学 MATLAB①，趁着有兴致搭建了第一个回测程序，穷举了上证指数 500 天以内所有的均线策略。如今我仍然印象深刻，收益最高的是 24 日均线；如果算上税费，则是 55 日均线。此后我当然也知道了，没有什么神奇均线，不过是特定的参数恰好契合市场的节奏。不断去刻意优化只是在追逐市场节奏，当市场机制转换时，代价是相当惨重的。

自动交易初体验：黑色系的滔滔牛市

这些年我们经常会听到一个词——"不忘初心"，如果问我做量化的初心是什么？那一定是做出一台"印钞机"，自动分析、自动交易，我负责交电费和躺着赚钱就好了。

经过一段时间对量化的研究，我开始琢磨开发程序化交易系统。那时候正是 2015 年的疯狂时代，我每天看群里的技术大神仗着自动交易系统，在"股灾"中都赚得盆满钵满，心里那叫一个痒。结果好景不长，我还没开始实盘，监管部门严格管理程序化交易，几个月的折腾付之东流，加之当时的手动交易越做越差，一时间便没了研究的热情。

2016 年，量化圈大有名气的开源量化交易框架 VNPY 大火，消除了我一直想做商品期货量化但是"啃"不动 C++②的烦恼。也正是借这个契机，我第一次真正实现了自动化交易。当年刚好是黑色系商品的大年，"螺纹金"③"绝代双焦"④风光一时，我也凭借一套很简单的趋势效

---

① MATLAB：美国 Math Works 公司出品的商业数学软件。
② C++：c plus plus，一种计算机高级程序设计语言，由 C 语言扩展升级而产生。
③ 螺纹金：因螺纹钢表现强势，被投资者冠以"螺纹金"的称号。
④ 绝代双焦：期货的两个品种，即焦煤、焦炭。因为价格一路走高，远远高于其他品种，所以被称为"绝代双焦"。

率[1]策略赚到期货市场的第一桶金。最后的结局当然也没有例外，市场大变，策略失效，百般调试皆无用，黯然停机离场。

多因子 + 机器学习：那一刻我摸到了圣杯，也回到了原点

兜兜转转那几年，我还真折腾了不少事情，这也为后面实习、求职提供了助力。在金融行业工作，我学到了不少"正规军"的玩法，多因子模型、CTA策略、套利策略、高频做市等。2017年的量化行业，正处于小市值效应"破天荒"失效、股指期货基差由正转负、大批曾表现良好的策略集体失效的迷茫期，谁也不知道前途在哪。也正是那一年，AlphaGo[2]击败了围棋世界冠军柯洁。

一时间，AI被捧上神坛，而用AI技术研究股市的热潮也开始兴起，研究量化的人很自然地就接受了这一技术。曾经的多因子策略，可以分为三个环节：①寻找能预测股票收益的因子（指标）；②通过某种算法合成这些因子；③选股及优化。引入机器学习或者深度学习技术，不过是改变了②中常用的线性方法（见图1），有问题吗？没有问题。有人说，AI是黑盒，不知道其中的逻辑，不靠谱。但对于年轻的宽客来说，逻辑真的那么重要吗？赚钱就好。

---

[1] 趋势效率＝过去N日涨跌幅 ÷ 过去N日每天涨跌幅的绝对值加总；通常该指标大于某阈值做多，小于某阈值则做空。

[2] AlphaGo：人工智能围棋程序"阿尔法围棋"。

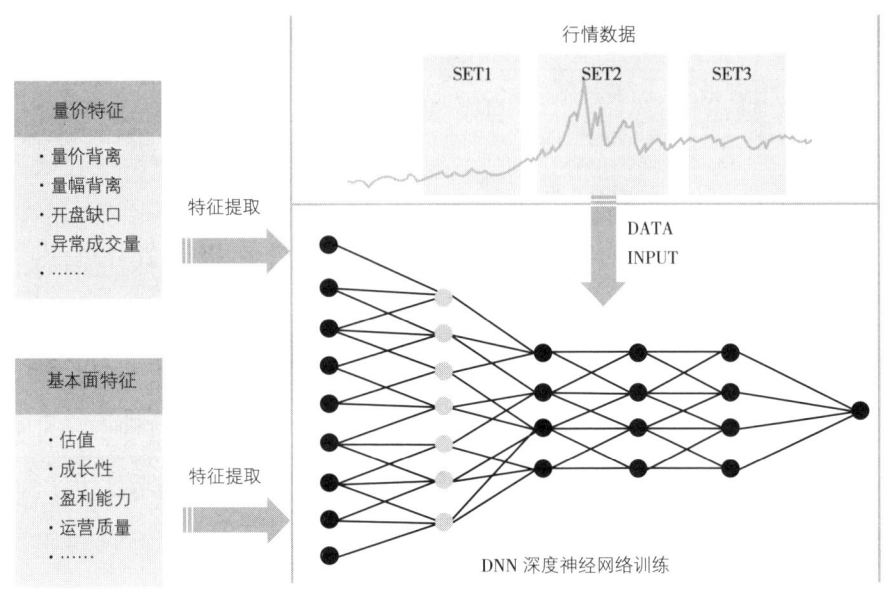

图1　多因子+机器学习模型示意

后面的工作就变得单调但有趣，不断地写因子、挖因子、测试因子。多年来积累的技术指标为我提供了大量的量价因子，博弈分析的视角为我贡献了不少行为金融学因子，对公司的研究也为我找到了很多财务因子。我不用去理解海量的变量间复杂而非线性的作用和钩稽关系，只需要不断找到这些碎片，输入机器，它就能帮我拼出蕴含未来一角的图景，可以说相当科幻。

大概由于方法论太新、历史收益太夸张，我花了很长时间和资金方进行路演沟通。也是那时起我才意识到，资管和自己做量化的差距巨大，做出一套回测可观的策略往往只是一切的开始，后续还需要持续不断地理解和解释策略、说服自己、说服别人、认知策略边界、学好安抚话术、守好风险底线。

也正是这个时候，我与雪球结缘。为了观测模型在极限情况的表现，我做了一个微型化的策略，并在建好的雪球组合上运行，每天跟随模型满仓调仓，一段时间后还真跑出了夸张的收益曲线。后续我又改造了 ETF 策略，运气爆棚，竟还拿了雪球的大奖，由此我陆续与"球友"相识。

我们把量化行业能持续赚钱的策略称为"圣杯"，那一刻，我感觉自己触摸到了圣杯。

上天眷顾，好景还是持续了挺长时间，这些年我疯狂挖因子、研究模型、买 GPU（图形处理器），加入量化行业的"内卷"海洋。一直到 2021 年，我开始感觉不对劲了，正是策略的持续强势带动了整个量化行业的疯狂生长。海量资金的涌入，一方面吞噬着超额收益，另一方面在策略趋同中形成特殊的"抱团"。直到第四季度，打压周期股（刚好在模型偏好上）、量化严监管、私募巨额赎回，最后形成了这类策略"下跌—赎回—下跌"的负反馈。我的策略当然不能幸免，模型的历史最大回撤不断被突破，好在我遵守了严格的风控纪律，结果不算太坏。

那一刻，我感觉一切回到了最初的原点，那年不断折腾指标、优化参数的我，与现在何其相似。

我的量化投资之路，是一路远离初心的奔跑。从前我想躺着赚钱，到后来发现要跑着"抢钱"；从前想安心做一个"社恐"，到后来只能主动展示自己、花心思沟通。一切看似事与愿违，但何尝不是认知自己与认知世界的碰撞，以及在磨炼中的成长呢？

从投资股票到投资因子、投资策略，量化的经历对我而言，正如禅宗所言第二重境界——"看山不是山，看水不是水"。这个阶段，每只股票都好似被打上了标签，高估值、高成长、高 Beta、资金异动、北上加持、研报看好、基金重仓等。交易的也不再是股票，而是由一堆股票共同承载的标签集合。但这真的是终点的景象吗？我不知道，也许我会像当初研究指标那样，渐渐能真正深入理解这一切的投资意义，在锻造神兵的同时参悟出驾驭它的心法，最终如臂使指，走入第三重境界——"看山还是山，看水还是水"。

面向未来，行百里者半九十

股市还很年轻，但技术的进步如生长激素般催着他成长。我想，投资者只有持续迭代、提升认知、解放思想、实事求是、不断练剑与修心，才能真正以此为事业并长存。

我想送给初入股市的投资者一句话——永远要算好自己输得起多少。我认为这是投资中最重要的事。也许曾有数不清的人给你描绘那些宏大的叙事："国运向上，永不卖出""与伟大企业共同成长"……但我还是想说，永远要算好自己输得起多少。

一方面，亏损一旦超过 20%，心态会越来越消极，情绪影响交易动作的事会越来越频繁，这时候投资者很难连续做出理性的决策；另一方面，股市最常见的就是幸存者偏差，现在能发声的大部分是幸存者，看似投资成功的人更是幸存者，更多怀着同样理念的人早已无言倒下，而这恰恰是因为他们早就输得超过了底线。

比投资理财更重要的是投资自己

青瑟只鸟

投资笔记

我在投资基金时，主要采用"三步走"的方法。

第一步，收集基金。通过看基金类相关文章和用量化指标筛选来收集基金，构建候选基金池。

第二步，基金评测。通过定量分析和定性分析进一步了解候选基金，并进行基金分类。

第三步，自上而下构建基金组合。先确定股债比例，再从不同风格、不同基金类别中分别挑选几只基金，并对生成的组合进行检验，观察组合的历史表现及穿透持仓情况。

如果初次入市便是熊市，你会怎么做？有的人果断割肉，从此不敢踏入市场；有的人失去理智，疯狂加杠杆弥补损失；还有的人痛定思痛，把熊市的经历当作一笔宝贵的财富。本文的主人公就属于后者，她初次投资基金就赶上了熊市，账户浮亏高达 40%，但她依旧保持着良好的心态，把这当成投资路上必交的学费。此后，她开始大量阅读专业书籍和研报，也跟着几位老师系统地学习投资。在她看来，投资很重要，但比投资理财更重要的是投资自己，只有不断提高自己的认知水平，才能在市场活得更好。

投资入门，重要的是找到适合自己的方法

我是 @青瑟只鸟，一个"90 后"湘妹子。年少时我在一个"十八线"小镇生活了 18 年，那时父母和老师经常给我们灌输的观点是：高考是我们唯一的出路。19 岁之前，我人生的唯一目标就是考一所好大学。于是，我没日没夜地刷题，只因坚信自己只要多刷一套题，高考就能多一两分。直到上大学之后，我对刷题的执念才逐渐消散，慢慢聚焦于自己感兴趣的事情，学习成绩反倒不错，还顺利被保研。

读研前的那个暑假，父母送了我一个 2 万元的股票账户，让我练手。和如今主流的价值投资不同，我的父亲主要看 K 线图选择股票，因此我也跟着父亲学习分析 K 线图。牛市的时候，我天天看盘和交易，但始终对这种投资方式没有太大兴趣。过了几年，我就把账户还给了父母。

2016 年研究生毕业后，我入职互联网公司，成了一名算法工程师。刚上班时，我对理财毫无概念，工资都在银行卡里"躺"着，没做任何投资操作。

转折点发生在 2018 年，当时平台向我赠送了一套理财线上课程。课程有 8 节内容，一节课解读一本书，这 8 本书分别是《穷查理宝典》《彼得·林奇的成功投资》《黑天鹅》《枪炮、病菌与钢铁》《乌合之众》《自私的基因》《"错误"的行为》《原则》，涉及经济、心理学、历史、生物多个领域。在讲书的过程中，该课程也会穿插一些关于买房、炒股、买基的投资观点。那时，我发现投资涉及的领域非常广博，而且特别有趣。也是从那时起，我陆续阅读一些投资相关的书籍，开启自己的投资之旅。

交学费要趁早，重要的是在市场一直活下去

我的投资之旅始于 2018 年的熊市，我虽然读了不少投资类书籍，但毕竟没有实战经验。2018 年 5 月，我第一次投资权益基金，两天就投进去 5 个月工资，而且买的基金相关性很高。没想到，熊市很快开始了，最多的时候浮亏高达 40%，相当于两个月的工作白干了。这对于一个刚开始接触基金投资的小白来说，还没尝到赚钱的滋味，就先亏了两个月的工资，心里多多少少还是伤心的。

当然，这一次的投资经历也让我很有收获，我终于对"投资有风险，入市需谨慎"这句警告语有了切身的体会。虽然开局不利，但我在行情低谷时硬扛着没卖，好在后面涨起来了，还赚了 40%。

亏钱了，就想努力赚回来。我开始恶补一些投资的基础知识。2019—2020 年这两年，我看了一些财经类书籍，上了一些财经网课，买了一些债基和股基，随着牛市稀里糊涂地赚了几十万元。当然，这两

年也发生了一些让我记忆深刻的事情。2019年9月我买入南方原油，买完不久跌了70%，还不让补仓，我再一次扛了下来，坚守着没有卖出。没想到后来逆风翻盘，截至2022年3月，我居然赚了16个点。

这两年的投资经历也让我明白了，人很容易高估自己的风险承受能力。牛市的时候，以为自己可以轻松承受30个点的回撤；熊市的时候，才发现回撤10个点都让人难受。最可怕的不是已确定的损失，而是不确定的损失。

我希望自己在投资中赚钱，但不希望自己赚的是糊涂钱。于是2021年我开始跟着几位老师更系统地学习投资和基金评测，并开始在雪球上发表关于基金的文章。和其他互联网从业人员一样，我也在这一年开始抄底中概互联和恒生科技。我始终认为它们当中有非常多的优质公司，影响它们的负面因素总是会消除的。于是，我开始定投恒生科技和中概互联，华夏恒生ETF联接A成了我的第一大重仓基金，也成了我2022年亏损金额最大的一只基金。这让我意识到，即使自己在一个领域工作多年，也未必能在这个领域通过投资赚到钱。

2022年市场行情低迷，仅仅在第三季度，我的投资亏损金额就达到了25万元，其中基金亏损了20万元，股票亏损了5万元。好在有家人的理解，我的心态很快调整过来。大盘经过前期的调整，很多优质的公司也跌出了一个较好的价格。这对于我来说正是加仓的好时机，于是我继续加仓了10万元偏股基金。

投资是一件逆人性的事情。当大部分投资者对股市极度乐观的时候，我们需要保持清醒的头脑，克制自己的欲望；当大部分投资者对股市极度悲观甚至绝望的时候，我们要敢于逆势加仓，坚定持有。我非常喜欢一句话，"买在无人问津处，卖在人声鼎沸时"，这句话也成了我投资的准则。

在投资上，我始终坚定一个理念：不求一夜暴富，但求持续赚钱。比起赚钱，我更看重在赚钱过程中获得的个人成长。年轻的时候亏点钱、交点学费，没什么大不了的。关键是吸取教训、不断学习，争取未来少踩坑，在市场一直活下去。

不断复盘，建立完整的投资体系

投资没有神话，需要不懈地耕耘。现在我每天都会读研报，每周也会读与投资、心理学相关的书籍。良好的心态是投资成功的法宝，希望我们在股市大跌时不绝望，在股市大涨时不贪婪。我认为每一个投资人都应该读几本心理学书籍，可以帮助我们建立良好的心态；此外，可以去看看与巴菲特、查理·芒格相关的书籍。

如今我已到而立之年，也承担着照顾家庭的责任，因此我在投资时非常看重大类资产配置，而不仅仅是通过投资股票型基金去博收益。我主要参考的是桥水基金创始人达利欧的全天候策略，可配置的资产通常包括股票、债券、商品、黄金等。大部分时候，我配置的资产主要是股票和债券，并且根据市场行情调整比例。比如2022年初我的股债比例为5∶5，随着大盘下跌，我不断卖债基、买股基，目前股债比例为6∶4。

在投资风格上，我更偏向于均衡分散。我很少追当下的热门板块，也不押注单一板块，而且会在左侧超配一些最近表现不好的指数基金。

之前的几次逆风翻盘的经历也让我养成了从不亏本卖出的习惯。

这几年的每一笔投资，我都会仔细分析、复盘，并不断迭代自己的投资体系。如今，我在投资基金时，主要采用"三步走"的方法。第一步，收集基金。通过看基金类相关文章和用量化指标筛选来收集基金，构建候选基金池。第二步，基金评测。通过定量分析和定性分析进一步了解候选基金，并进行基金分类。第三步，自上而下构建基金组合。先确定股债比例，再从不同风格、不同基金类别中分别挑选几只基金，并对生成的组合进行检验，观察组合的历史表现及穿透持仓情况。

在了解单只基金时，我会查看图2所示的一些基金数据，特别是基金经理的投资年限、基金规模、基金经理任职时间、持仓行业分布、股债分布、最近3年收益率、最近3年最大回撤这7个指标。我也会比对基金经理的"言"和"行"是否一致，看他是不是一位值得信赖的基金经理。

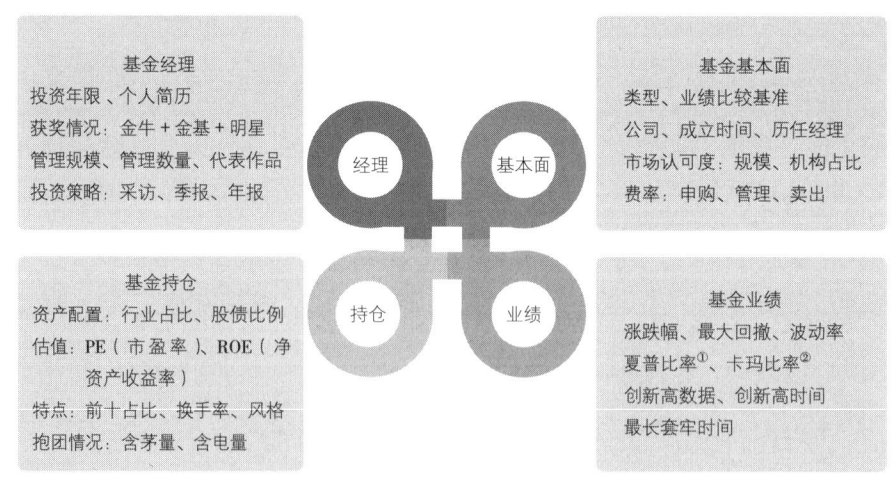

图2　基金的相关数据

注：1. 夏普比率：又称夏普指数，基金绩效评价标准化指标。

2. 卡玛比率：描述基金收益与最大回撤之间关系的指标。也称单位回撤收益率。

以我的重仓基金国富中小盘为例，我来介绍一下自己买入并持有至今的过程。2021年10月，我开始写《第十八届金牛奖基金PK》系列文章，赵晓东的国富中小盘股票就是当年七年期股票型金牛奖的获得者。查完这只基金的各项数据，我发现这只基金非常符合我的要求，就去看了赵晓东之前的直播回放，也很认可他的"价值为锚，五维选股"的选股准则。跟踪观察了两个月后，我在2022年元旦做均衡型基金组合的时候，就选了它作为成分基。这只基金和基金组合在2022年的收益都跑赢了基准，国富中小盘的跌幅只有沪深300的一半，一半股票一半债券的基金组合的跌幅只有沪深300的1/3。

除了常规的选基方法，我喜欢把自己的专业和投资结合，闲暇时，我会用算法构建一个满足个人需求的投资组合。一开始，我设计出一套算法，近似于贪心算法。这套算法的特点就是找到的往往不是整体最优解，而是局部最优解。虽然这一次的尝试有些失败，但是让我看到了只要纳入足够多的基金数目，持续优化算法，用算法的思路去构建基金组合是可行的。后续，我也将不断尝试新的算法，也欢迎大家和我交流。

投资是为了让人生变得更美好

身边经常有人问我，为什么对投资感兴趣？我思索之后，觉得大概有三点原因：一是赚的钱越来越多，需要进行财富管理，不然会被通货膨胀逐步稀释；二是投资本身是一件很有意思的事情，会促使你去了解不同领域的知识、提高你的认知水平；三是投资是一个很好的社交话题，可以让你认识到更多有才有趣又有钱的人。

通过这几年的投资，我也意识到最重要的事情是保障稳定的现金流，严控风险，科学、合理地配置资产。因为投资是为了让人生变得更美好，而不是变得更糟糕。有的人投资加杠杆，最后血本无归；有的人天天盯盘，生活过得单调乏味；有的夫妻因为投资观念不同，经常吵架。但有的人"佛系"投资，躺着赚钱；有的人经常分享投资知识，帮助更多的普通投资者；有的人通过学习投资，提升了自己的认知，对自己的工作和生活也产生了积极的影响。

我建议大家投资前先去看一些有关投资理念的书籍，比如《投资最重要的事》《富爸爸穷爸爸》等。这些书籍有助于我们形成正确的理财观；此外，还要读基本资产配置的书，资产配置的重要性怎么强调都不为过。合理的资产配置策略，通常胜率很高，且很容易被广大普通投资者重复使用。

除了学习，投资者还要了解自己，要清楚自己每年的收入和开支，手头的钱和未来的钱哪些可以用来投资，自己对风险的承受能力如何。只有先了解清楚自己，才能制定适合自己的投资策略。

进入股市实战后，我发现保持"知行合一"是一件很难的事情。比如我知道应该按制定好的策略进行投资，但就是容易受到市场行情波动的影响而没有按计划执行。这就需要我们每一次都做好复盘，看看究竟是什么原因导致自己没有遵守纪律，下次如果遇到类似的情况尽量避免。

投资很重要，但是比投资更重要的是投资自己。尤其年轻的时候，我们不仅要专心工作，更要舍得花钱投资自己，沉下心来学习各种知识，这比天天盯着市场行情炒短线要好得多。希望你我都能在投资之路获得自己满意的结果。

投资比的不是谁跑得快,最重要的是活到最后

雪球资管杨鑫斌

投资笔记

我的投资体系其实比较简单,首先是自上而下,其次是风险均衡。总结来讲,我们多样化的多元资产投资,分析框架是自上而下的,在风险的暴露上,我们是比较均衡的风格,这是我们投资体系的特点。

全天候策略下的股票投资,作用是把握高增长、低通胀期间的机会。和一般的权益多头策略不同,我们的股票组合更加均衡。我们希望股票组合的长期回报能够超过宽基。我们整个股票资产投资遵循两条主线:一条是高增长,另一条是低估值。我们采用大小盘风格,成长与价值更加均衡。我们不会把资产集中在某一个领域,将风险过度暴露,这是全天候策略股票组合中非常重要的一点。

人生前20年，他沉浸在数学的世界无法自拔；从业十几载，他痴迷于投资的世界孜孜不倦；而今迈向不惑，投资已成为他甘愿为之奋斗终生的事业。

多轮牛熊周期和行业变迁经历，让他对风险有着天然的谨慎。从固收、固收＋到全天候，知行合一的行为准则让他一直行走在做正确事情的路上。

投资如同一场马拉松，不是比谁跑得更快，而是看谁跑得更远。杨鑫斌（雪球ID：@宏观作手）像一位棋手，在经纬交错的宏观世界，用妙手慢慢寻找破解投资棋局的长赢之道。

在好奇心和兴趣的驱使下，我找到了终生热爱的事业

其实我也没想到，大学时的一个爱好，成了我终生热爱并为之奋斗的事业。当时我就读于牛津大学数学系，可能天生对数字敏感，我对经济数据及投资产生了极大的兴趣。

在强烈好奇心的驱使下，我想尝试做一些类似的事情。我在大学创建了一个投资社团，很多同学加入了这个社团。2008年，我们参与了海外一些高杠杆衍生品的投资。在国际金融危机的背景下，我和社团的同学亏了很多钱，甚至把自己的学费、生活费都亏进去了。因为亏的是父母的钱，我当时还是挺心疼的。

现在回想起来，那次经历其实相当于交了一次学费，也是我迄今为止亏得最多的一次。后来我自己总结：第一，不能加很高的杠杆；第二，往往市场释放大的风险的时候，对应的另一面就是大的历史契机，而站在当时那个节点，很多人往往没有意识到。

刚接触投资就经历了一场金融风暴，我感觉我很幸运，在投资初期就对市场风险形成了认知，并学到了很多知识。至今我都觉得这件事情在我人生中价值是很高的，也对我后来的投资产生了深远的影响。

经过2008年国际金融危机的市场教育后，我对投资有了更浓厚的兴趣。在兴趣爱好的驱动下，我更加坚定了做职业投资的事业选择，毕业时选择去一家金融机构研究投资，从此踏入了投资这个行业。

历经市场变迁，我认为投资最重要的是活到最后

我刚毕业就回国了，第一份工作是在保险资产管理公司做固定收益的投资。当年回到国内，其实更专注于固定收益市场，以债券投资为主。后来我也在多家持牌金融机构工作，包括保险资管、外资银行、中资券商，还有基金公司。

这一路走来，我也经历了整个债券市场的变迁。

最初我们只做纯债，很轻松就可以获得一个实际的回报。比如当时城投债的利率比较高，通常有6%~7%的资产回报。还有最初的可转债市场，我参与可转债交易的时候，其实可转债在整个市场是非常少的，只有几只，不像现在有三四百只，并且发行转债的都是中国重工、中国银行这样的大型央企，成交量非常低。当时市场的资产价格普遍比较便宜，尤其是转债，光转债的票息收入就非常高。

所以在当时那个市场，投资者可以很轻松地在一个高利率的环境获得百分之十几的回报，甚至更高。

2014 年之后，整个市场发生了变化，债券市场开始出现违约。2016 年，债券市场又经历了大幅下跌。当时最疯狂的时候，同业之间互相加杠杆，很多民营企业的地产债，发得跟中国国债差不多了。这意味着整个债券市场的泡沫化现象非常显著。随后债券市场迎来了央行主导下的去杠杆进程，利率的调整可能超过了两三百个 bp[①]，信用债就更不用说了。这意味着债券市场出现了很大幅度的下跌，可以跟 2022 年的美债相比，当然幅度可能没有美债这么大。并且伴随而来的有债券圈反腐，我们同业金融机构有一批人被抓了。

那一年，我在一家券商机构管理固收账户。从个人的风格来讲，我对风险是比较看重的，当时判断市场泡沫化现象比较显著，所以 10 月开始陆续从市场撤退。但是市场已经开始跌了，我只能把所有的久期信用全部砍掉，买 3 个月以内的存款存单持有到期，就是所谓久期免疫，度过了整个 2017 年。

过去十几年，整个市场处于一个由高利率走向低利率的环境。我一直在思考一个问题：投资的本质是什么？我亲身经历了市场的变迁，很多投资者包括金融机构从此一蹶不振了，所以我觉得在这个市场，你能不能活到最后，才是最重要的一个问题。

拥抱全天候策略，我找到了自己的理想

我的投资理念真正发生转变是在管理工银瑞信投资的时候。当时我和我的团队管理着近 1000 亿元规模的资管产品。在管理工银瑞信投资时，不仅涉及固收，还有衍生品和权益资产，而且比例都比较高。所以

[①] bp：basis point，基点。债券和票据利率改变量的度量单位，1 个基点等于 0.01%。

最终我慢慢地意识到，整个固定收益市场要发生本质的变化，利率环境也会有一些本质的改变。

因为我们跟私人银行的合作比较多，当时私人银行很多客户经理和同事跟我说："杨总，能不能管理20亿元？每年5%的回报就可以了。"但是回到投资本身，没有人可以承诺5%。那么怎样才能够长期实现一个稳定的收益？我开始思考这个问题。

再回到中国整个资本市场，利率持续走低，原来大家很容易就可以获得不错的收益，而当时来讲，投资者已经很难从中国信用市场获得所谓超额收益。

于是我开始学习海外成熟市场资产配置的经验，详细研究了一些海外资产管理机构走过的路。我通过研究发现，中国应该也会延续海外资产管理机构发展路径，而国内资产配置市场尚处于一片空白；因此我觉得可以尝试做资产配置和宏观对冲，并且我可能比较擅长做这件事。

第一，之前十几年，我长期从事宏观、债券、权益及多策略的投资研究，为全天候策略的实践和应用打下了基础。或者说，股票、债券及商品等，都在我的能力圈范围。

第二，过去我的宏观逻辑很多次被市场验证过，一定程度上讲，我对宏观经济的理解还是比较深刻的。

比如2020年3月，股市下跌，我认为是一个短期的风险。当时我在银行管理一些偏权益产品，及时建仓。后面就迎来了那拨小牛市，我们的产品也有了不错的业绩表现。

2020年6月，我也有一些对市场的判断，认为宽松货币政策会导致周期股上涨。因为供给侧结构性改革推行这么多年，海外的商品也"熊"了那么多年，大家都缺失了对周期股的研究，当时市场一度没有煤炭、钢铁行业的研究员了。所以我觉得在美国宽松货币政策的背景及供给错配的情况下，煤炭和钢铁会出现一个比较大的趋势性上涨，这个判断后面被证实也是比较准确的。

2021年3月，我在工银内部会议中曾提示医药消费出现抱团现象，并且泡沫现象显著，存在很大的风险，这一逻辑后面也被市场验证了。

第三，我经历过几轮牛熊周期，见证了整个资本市场十几年的变迁，长期跟踪投资中国市场，在国内宏观环境对资产价格的影响方面理解得比较深。而桥水等全天候策略机构主要依托海外投研，我们如果要做全天候策略，会更有本土的先天优势，或者更懂中国。

这三个原因坚定了我转做全天候策略的信念。但随之而来的一个问题是，工银瑞信整体的产品条线比较丰富，并且机构风险偏好及相关投资品受限，我可能很难专注做这种策略。经过长期的思考和实践后，我离开了工银瑞信，投身雪球资管做多元化资产投资，将成熟的全天候投资框架应用到我们发行的全天候策略产品。

对于个人的职业生涯来讲，我从做固收，到设计固收+，再到做全天候策略，一路走来我对中国市场有了更多的思考，看到了资产配置的盲区和未来的市场空间。我坚信做全天候策略是一件正确的事情，也是我的理想所在。

我的全天候多策略投资体系：自上而下和风险均衡

我的投资体系其实比较简单，首先是自上而下，其次是风险均衡。

总结来讲，我们多样化的多元资产投资，分析框架是自上而下的，在风险的暴露上，我们是比较均衡的风格，这是我们投资体系的特点。

说得直白一点，在无序且动荡的市场环境下，我会坚持买入我认为便宜的资产，帮助客户长期持有；同时因为我们整个框架是自上而下的，所以我们不会在任何一个单一资产上过度地暴露我们的风险敞口。

不同的经济环境里，各类资产都会表现出不同的收益特点。结合桥水、AQR、丹麦养老金等资产管理机构的经验，我们研发了专注于中国市场的全天候策略。首先，基于长期的历史数据、经济规律，以及资产在不同的金融环境的表现，在一定的风险约束下对股票、债券、商品进行更均衡的配置，做出 Beta 收益。其次，我们在大类资产层面，超配低估值资产，低配或做空高估值资产，并在各类资产的细分领域做品种选择，做出 Alpha 收益。

全天候策略下的股票投资，作用是把握高增长、低通胀期间的机会。和一般的权益多头策略不同，我们的股票组合更加均衡。我们希望股票组合的长期回报能够超过宽基。我们整个股票资产投资遵循两条主线：一条是高增长，另一条是低估值。我们采用大小盘风格，成长与价值更加均衡。我们不会把资产集中在某一个领域，将风险过度暴露，这是全天候策略股票组合中非常重要的一点。

在我的整个投资体系里，我会去研究因果关系。这背后是我对宏观经济的深度思考，是我看到繁杂的经济数据、信息后自然而然的肌肉反应。比如货币政策宽松，必然带来资产价格的泡沫，也必会带来商品的通胀，这是一个结果；那么商品的通胀又必然带来货币的紧缩，或者一些产业链上的商品资产价格可能会提高，背后的产业可能会扩充产能。这些都是因果关系。

那么这些因果关系有一些是必然的，有一些是偶然的。当我看到一些事情，我会思考它引发的结果，分析这个结果是否不可逆、是否无法避免。我时常会思考这些问题，寻找其中必然的因果关系，这是我整个投资逻辑的一条主线。

保持理性，知行合一

如果要用一句话总结我的投资体会，我认为是保持理性和知行合一。

在投资中，我是一个理性的人。可能是这么多年在市场吸取了一些教训，我觉得投资者永远不要人云亦云，要坚持独立思考。

在我的投资生涯，印象比较深的是2015年股票市场大幅下跌和2016年债券市场大幅下跌。我们汲取了2008年的经验，从2015年牛市高位就开始卖了，随后市场急转直下，国家开始救市，我认为我们当时做到了全身而退。

2016年债券市场泡沫调整，央行开始"去杠杆"，我毫不犹豫地把持仓流动性差的长久期利率债、信用债换成高评级的3个月持有到期的短久期品种，这也帮助我在2017年获得了5%左右的正回报。而当年的债券市场资产，从年初到年尾跌3%甚至5%很正常，所以投资人也比较认可我们。

我们不能抱有"自己在这个市场上是最聪明的"这种侥幸心理，在泥沙俱下的行情下，没有资产可以扛得住。它足够便宜，但是还会跌得更多，这个问题贯穿整个经济周期。当你评估可能产生极端风险，就赶紧做好离场的准备，等它跌出价值再进场，这就是最佳的方式。

投资不是比谁业绩涨得快，而是比谁在市场"活"得更长，要看谁能在控制风险的情况下为投资者创造比较好的收益。但是这么简单的一个道理，往往大家不太愿意这样做，或许这就是巴菲特所说的，没有人愿意慢慢变富，大家都喜欢挣快钱，不喜欢挣慢钱。

理性意味着坚持做正确的事情，所以无论是违背道德、违法违规，还是损害委托人利益的事情，我一概不碰，我认为这件事情更重要。

这几年我对自己更高的要求是知行合一。如果问我投资生涯是否有对自己影响比较大的人，其中一个人便是王阳明。我非常欣赏王阳明"知行合一"的思想，也希望我能够始终践行这一理念。贯彻这一理念要落脚到日常的投资，更重要的是，因为自身对多元资产配置的认知驱动，我加入了雪球资管，去实践我在全天候策略上的探索。

对于当下，我觉得最重要的事情是能够把多资产投资方法论做下去，并且传递给这个市场。我希望这种投资思想可以给资管行业带来一些价值。我所带领的雪球资管投研团队的目标，也是希望通过多资产配置，以深度的基本面研究驱动投资，优化投资者的持有期感受，实现长期、稳健的投资收益。

投资是一辈子的事情，我希望自己能够不断学习和进步，在投资上有新的建树、新的思考，这对我来说非常重要。

专注投资，剩下的交给时间

生活上，我养成的习惯是基本上每天看市场、看数据、看报告，并且对其他的事情可能没什么兴趣。我可能不太关心其他与投资不相关的事情，空余时间也好，工作时间也好，都在思考与投资相关的问题。因为一直以来，投资可以让人感受到市场每天在波动，并且市场周期的变动会引发投资者对市场的思考和共鸣，所以我觉得这是一件很有意思的事情。

在其他人看来，可能我的生活是比较枯燥且平淡的。我早上起得比较早，这时候大脑很清醒，首先，我会听简报，对市场有一个思考，并且把心得记录下来；其次，我会考虑今天的交易是否需要调整，大部分情况是没有调整的，如果市场有突发的情况我会及时去调整。上午我主要研究数据和报告，听卖方的会议，参加部门内部会议，讨论一些研究观点和投资机会。下午收盘之后我会看今天的情况。晚上我也会看看夜盘，对市场有一个跟进，也会看看书，思考历史周期里发生过的那些事情。当我研究出来一个成果或者有一些新的研究体会时，我会有很强的满足感。

当然做投资也会有压力大的时候。因为我比较关注投资人的体验，比较关心他们的资产会不会受损，所以有时候我会感到有压力。这种时候我一般会打电子游戏，更多时候会去看书。

美国著名周期大师、橡树资本创始人霍华德·马克斯先生说过一句话：我们或许永远不知道将来会去哪里，但是我们最好搞清楚现在在哪里。明确所处的位置，并坚持做长期正确的事情，剩下的就交给时间。我对我们的策略很有信心，所以我会坚持做我认为正确的事情，按照正确的方式管理我们的组合，和雪球资管的投研团队共同努力，为投资人创造稳健、满意的回报。

弱小和无知不是投资的障碍，傲慢才是

盛丰衍

投资笔记

除了管理好自己的基金产品，我还坚持做三件事情。第一，投资者陪伴。陪伴对投资者来说一直是重要的事情。信任需要时间的聚沙成塔。我的雪球账号既是灵感笔记，也是和投资者沟通的窗口；既可以检验逻辑，也能离投资者更近。第二，在低谷坚定信心。权益资产在群体信心缺失的时候也许是投资的好时机。我会保持理性看待市场，产品越是处于底部位置，我越会向投资者表达我对市场的乐观。第三，适时限购。规模，在策略容量之内是荣耀，在策略容量之外是毒药。日久见人心，我最期待的评价是"这个基金经理还挺有良心的"。

量化投资的森林中，量化猎手用策略模型将一个个无序杂乱的投资线索紧密串联，悄然等待业绩的狩猎时刻。"魔术师""1024""不敢去丈母娘家""良心基金经理"等标签，是大家对西部利得量化成长混合A的基金经理盛丰衍成长的见证，也是他作为公募基金经理的蜕变。

实力和运气并存，我选择了金融行业

我的求学经历构筑了我强大的自信心。我从小学习奥数，初三以上海黄浦区数学竞赛第一的成绩保送复旦附中理科班。在保送后相对空余的半年时间，我开始专注于物理竞赛，最后获得区第二名的成绩。我在本科和研究生阶段也分别被保送至上海交通大学和复旦大学，分别攻读信息安全及计算机专业，可以说是一个比较传统的"IT理工男"。

大学期间，出于爱好，我加入了交大的魔术协会。经过一年的学习和参与活动，我当选为第三届魔术协会会长，正式开始管理协会工作和组织活动开展，自己也从比较内向的"IT理工男"逐渐变成喜欢与人沟通分享的"社牛"[①]。

毕业后我没有选择IT行业，而是选择金融行业，其中的动机非常单纯：工作地点离家近。同时，我在研一自学通过CFA（特许金融分析师）一级考试，并通读经济学相关课程的书籍，使得自己对金融产生莫大的兴趣。几分实力加上几分运气，这些年我在公募领域的成绩都还不错，支撑我在跌宕起伏的资本市场坚定走过10年，并且更有信心迎接更多个10年。

---

① 社牛：网络流行语，意为社交牛人，与"社恐"（社交恐惧症）对应。

从量化对冲到量化指增，我对未来的预期是公募指增大有前途。真正下定决心聚焦公募量化指增产品是在 2016 年，当时量化产品的主流不是指数增强，而是量化对冲。2016 年之前，Alpha 收益相对较好，量化对冲策略弱化 Beta 收益相对合理。但随着时间的推移，Alpha 收益会随着市场的发展而逐渐降低，而且有可能是一个长期且不可逆转的趋势。反观量化指增，它的特色就是倾向于兼顾 Alpha 和 Beta 收益，其生命力相对而言会更强。同时我的研究方向逐渐明确，开始聚焦量化指增策略，也是在这个时候，我开启了我的公募生涯。

现在回头来看，我当时的选择比较适合自己，也在一定程度上适应了行业发展趋势。根据不完全统计，公募量化对冲业务在 2021 年达到顶峰，之后的发展未呈现延续态势。要做出更好的 Alpha 收益，不仅需要低头钻研策略模型，还要在长远布局时尽可能看得更远。

三次人生低谷教会我敬畏市场

命运并非时刻眷顾我，大大小小三次人生的至暗时刻，让我明白要敬畏市场。

2013 年是我正式工作的第一年，我从实习生转变为公司的一名正式员工，一直参与和负责公司量化模型的开发。彼时该模型实盘业绩比较喜人，我对当时的职业发展也自信满满。但随后突发的"8·16 光大证券乌龙指"事件[1]，给处于职业发展起步阶段的我造成了较大的影响。

---

[1] "8·16 光大证券乌龙指"事件：2013 年 8 月 16 日 11 点 05 分，上证指数出现大幅拉升，大盘一分钟内涨幅超过 5%，最高涨幅 5.62%，指数最高 2198.85 点，盘中逼近 2200 点。11 点 44 分，上交所称系统运行正常。下午 2 点，光大证券公告称策略投资部门自营业务在使用其独立的套利系统时出现问题。

市场总会经历一轮又一轮的牛熊,而心态和认知上的成长更多的是在逆风期。

细节不再详提，那段时期令我记忆最深的是一位前辈的教导，他说："你觉得是你运气不好，怎么刚工作就摊上了这个事，但事实上资本市场百年难遇的事年年都在发生，所以这可能是一种常态。"自此，我就把这句话铭刻心底。

这是我的第一次人生低谷。第二次人生低谷是在 2018 年 1 月 26 日，也是中美贸易摩擦前夕，我刚接管一只公募产品，接踵而至的较大幅度的回撤给我当头一棒，让我夜不能寐。

第三次人生低谷是在 2021 年 4 月，我在公司住了 96 天，当时市场也经历着考验。我集齐了人在上海、钱在股市的双重"DeBuff"[①]，再加上投资者的负面情绪，我也比较焦虑。感性的一面使我备受煎熬；理性的一面却告诉我，应该对市场保持乐观。聊以自慰的是 2021 年市场顶部区域针对我管理的一只产品推出了 1024 元的限购策略，以适当帮助投资者降低不理智行为。

现在我清醒地看到，市场总会经历一轮又一轮的牛熊，而心态和认知上的成长更多的是在逆风期。

我的两大核心优势："七成量化 + 三成主观"、分域建模

对我投资体系影响最大的一本书是《穷查理宝典》。其中，我比较认同的底层逻辑是：认识世界需要构建多元思维模型。遵循这个思路，我通过借鉴市场已经成熟的方法论框架，在实践中思考总结，构建和优化量化模型，更好地认识和感知资本市场。

---

① DeBuff：电子游戏术语，指具有负面效果的魔法。

2017年之前，我是一个纯粹运用量化模型去做投资决策的传统量化基金经理。但 2017 年发生的事情改变了我的认知。那年发生了什么？回想一下 2017 年之前的 3 年时间，市场小市值板块好于大市值板块；但是 2017 年局势发生了逆转，其中的逻辑很难用量化框架去解释。而如果跳出量化线性外推的框架，投资者就会发现 2017 年出现太多利空小市值板块的事情，比如监管部门对游资的严格监管、限制小公司的并购重组等，影响了小市值板块的基本面。

非量化基金经理可能在 2017 年更早地洞察政策面对市场的影响，转而拥抱核心资产；量化基金经理则相对后知后觉。此后，我的框架就从原来 100% 量化决策转变成"七成量化 + 三成主观"，主观判断就是为了应对影响中长期市场的变化。

区别于其他公募量化基金经理，我比较关注分域建模。早在 2020 年前后，我就已经提出了分域建模的概念，即根据 A 股不同板块和行业，通过不同因子针对性地制定策略。分域建模也被当下市场广泛应用。

研究使人自信，实盘使人谦逊。量化投资研究需要在实盘之前准备量化模拟，很多时候往往能模拟出一条很漂亮的净值曲线；但是策略实盘化后，买家秀不如卖家秀是常态，甚至以翻车收尾。于是，前后的反差一度让我觉得自己被市场针对。因此，在我 6 年多管理公募基金产品的过程中，我始终对市场保持敬畏，严肃且谨慎。

我最想成为大家的良心基金经理

除了管理好自己的基金产品，我还坚持做三件事情。第一，投资者陪伴。陪伴对投资者来说一直是重要的事情。信任需要时间的聚沙成塔。我的雪球账号既是灵感笔记，也是和投资者沟通的窗口；既可以检验逻辑，也能离投资者更近。第二，在低谷坚定信心。权益资产在群体信心缺失的时候也许是投资的好时机。我会保持理性看待市场，产品越是处于底部位置，我越会向投资者表达我对市场的乐观。第三，适时限购。规模，在策略容量之内是荣耀，在策略容量之外是毒药。日久见人心，我最期待的评价是"这个基金经理还挺有良心的"。

整个资本市场一定是从无效到有效的，我获取 Alpha 收益的能力未来也难免出现不及预期的情况，但我始终会站在投资者利益这一边。

工作和生活，我偏心于工作

我每天 8 点半前到公司，会在一个半小时内比对模型出具的交易数据，针对数据进行分析，并且对存在问题的模型及时进行修复，然后通过交易系统执行；10 点左右，全天的交易基本完成；之后我会研究如何优化自己的策略，在下午 3 点做实盘操作的收尾工作；下午 3 点到 5 点，基本上会安排路演交流；5 点之后我会和小伙伴们打一个小时的乒乓球或者攀岩，通过运动让自己保持旺盛的精力；晚上回家会阅读，以及处理交易以外的一些工作。

基金经理一般比较繁忙，我很少请假长时间陪伴家人，担心耽误交易决策，导致组合 Alpha 收益下降。幸运的是家人给予我很大的包容和理解。平时我比较尊重孩子，有时候"鸡"娃[①]不如"鸡"自己。

---

① "鸡"娃：网络用语。指父母给孩子"打鸡血"，不停让孩子去拼搏的行为。

弱小和无知不是投资的障碍，傲慢才是。对于新手投资人，我觉得最重要的是要对自己有认知，清楚自己的能力边界在哪里。能力圈内正确的认知是可能赚钱的，但是尽量不要超出能力圈去做事，否则有可能给对手盘增加 Alpha 收益。

很幸运，我占据天时（市场还无效）、地利（有数据有模型）、人和（出色的量化团队），适合做量化策略时管理相应的产品。我要抓住这个机会，培养一只长期业绩优异的旗舰量化基金。

做投资，要敬畏市场，别过度自信！

基金教主

投资笔记

热衷于炒股和采用基金进行所谓行业轮动，本质上是"贪胜思维"的体现，其隐藏的逻辑是投资人希望在尽量短的时间赚到足够多的钱。不过我们需要认识到，虽然长期来看基金是一种比个股胜率更高的投资工具，但投资的本质是你对该投资品种具有超出市场平均水平的"认知优势"。而"弃股从基"本身就是敬畏市场、向市场妥协的一种表现，如果你只是将行业 ETF 或者行业主题基金视为一种类似于炒股的交易工具，那就偏离了我们选择基金投资的本意。

戎马奔波20年，老兵或倚于军帐长叹："和平盛世终难寻！"厨头灶脑20年，老厨或手端铁锅低语："炊烟燎人，苗条不再！"深耕投资20年，老杨却猛拍大腿呐喊："投资这玩意，真是让人越来越爱！"

阴差阳错买入"初代神基"，6年"小赚"5倍

我叫杨晓磊，是雪球用户@基金教主——一位拥有19年基金投资经验、数年公募基金投顾组合管理经验，并一度斩获单年300万元以上基金实盘盈利的基金博主。

回首望，从我2004年3月购买第一只基金开始至今，已有19年的时间。彼时的公募基金，好似一个蹒跚学步的孩子，刚刚突破了规模2000亿元的大关。而同年的我，还只是一个刚上大学二年级、对理财充满好奇、不断探索未知领域的小白。

当年银行营业网点货架上华夏现金增利的宣传手册，在不经意间引起了我这个小白的注意；以"类活期存款的流动性+堪比定期存款的收益率"为主打的产品卖点，在不经意间打开了我接触公募基金的第一扇门。彼时大学月生活费仅有600元的我，毅然决定投入3000元"巨资"，成了中国最早一代的基民。

2006年，我本科毕业后进入普华永道会计师事务所工作，而同年随之而来的牛市让我在工作第一年就感慨自己入错了行！事实证明，实践是最好的老师，在大学期间对股市一窍不通，甚至连行情软件中"买一""卖一"都不知所云的我，在购买基金之后迅速学到了股市的一些基本知识。

不过和大部分同龄人初入股市是以购买股票为起点不同，我初入股市以购买基金为主要投资手段。因为自打记事起我就时常受到父亲的冷嘲热讽，所以我对自己尝试某个新鲜事物不太有信心。而对于股市这个长辈经常挂在嘴边、老股民津津乐道的新鲜事物，我始终充满敬畏。因此直到 2007 年 5 月末我才开始和别人一样"听消息"炒股，结果刚听了几个所谓"内部消息"就遭遇了股市"5·30 事件"[①]，连"吃"几个跌停之后再也不炒股了，乖乖回到基民行列。

值得一提的是，在那个信息不甚发达的时代，我阴差阳错地成了国内"初代网红基金"——华夏大盘精选的持有人。很多人问我："你是怎么买到这只封闭式基金的？"说实话，当年我纯属运气好，买它的理由很简单：一是 2006 年末上证指数突破历史最高点，我判断是大牛市；二是当时基金公司寄给我的对账单和营销资料里首推的都是它，很难不冲进去。直到 2012 年王亚伟（华夏大盘精选基金经理）离职，我才卖出了这只基金，收益非常可观，净赚 5 倍，很是欣慰。

从这个案例中我也学到了一个很重要的道理，年轻人在工作初期，"如何努力提高工作收入"比"如何积累投资能力"更重要。比如在 2006 年我即使买到了当年的"中国最牛基"，增值也不过区区 2 万元而已；而我如果在 2006 年投入 100 万元，即使买货币基金，到 2012 年也有十几万元的收益了。

"股债性价比"帮我实现财富的爆炸式增长

在我投资基金的第 16 个年头，由于长期积累的工作收入和投资认

---

① 股市"5·30 事件"：指 2007 年 5 月 30 日股市暴跌。

知水平的大幅提升,我通过基金投资赚到了 300 万元。回看我 2020 年基金大赚 300 万元的经历,可谓天时、地利、人和,缺一不可。所谓天时,自然和 2020 年意外的"全球大放水"环境有关,而"地利"和"人和"则来自工作十多年来积累的收入和投资认知水平的大幅提高,其中后者更为关键。

2015 年 3 月,我有幸进入国内"老十家"基金公司华安基金担任策略分析师。而加入华安基金后的这 8 年,其实为我打开了一扇投资世界的窗,从此我对基金的认知和理解呈几何式增加,为我 2020 年基金投资收益的"大爆发"打下了坚实的基础。如果问我什么方法贡献最大,那非"股债性价比"莫属了。

"股债性价比",顾名思义,就是将股和债这两类资产在不同时期的估值进行比较,并最终确定两类资产间谁的性价比更高的大类资产配置方法。它解决的是"哪类资产便宜、哪类资产更贵"的问题。"股债性价比"的具体计算方法是将 10 年期国债到期收益率作为债券资产性价比的代表,将 A 股宽基指数的股息率或者市盈率倒数作为股票资产性价比的代表。从股息率指标来看,股票指数下跌幅度越大,在股息既定的情况下股息率越高,股市性价比越高;反之股票指数上涨幅度越大,在股息既定的情况下股息率越低,股市性价比越差,甚至存在泡沫。当然以上内容只是从股票市场这单一维度进行比较,还需要结合同时期 10 年期国债到期收益率的水平与 A 股宽基指数的股息率或者市盈率倒数,通过相减或相除的方法进行综合比较。

那么什么情况代表股市处于绝对低估水平呢?以我在 2020 年 3 月初每天 3 万元的"基金日定投"大幅抄底为例,当时中国 10 年期国债到期收益率为 2.7376%,同期沪深 300 指数的股息率为 2.3580%,两者之间的差值为 0.3796%。这一差值水平位于过去 5 年历史 20% 分位数以内，意味着当时的股票市场相对于债券市场的性价比处于"过去 5 年历史最佳的五分之一时间段"，属于绝对低估水平。

而随着 2020 年 3 月 A 股的持续下跌和流动性的持续宽松，到了 2020 年 4 月 11 日，中国 10 年期国债收益率进一步下滑至 2.5403%，而沪深 300 指数股息率随着指数下跌反而上升至 2.4359%。两者差值仅为 0.1044%，位于当时过去 5 年"股债性价比"5% 分位数以内，意味着到了 2020 年 4 月 11 日，股市相对债市的性价比已经处于"过去 5 年历史最优的二十分之一时间段"（详见图 3）。从图中可以看到，2020 年一二季度沪深 300 指数和 Wind 偏股混合型基金指数[①]的最低点恰巧就出现在 2020 年 3 月至 4 月这个时间段。

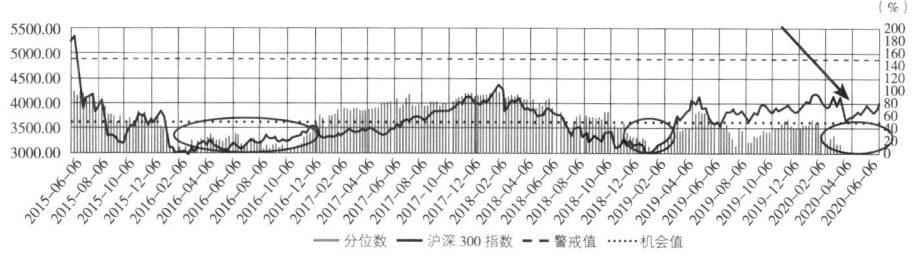

图 3　2015 年 6 月至 2020 年 6 月"股债性价比"表现

为什么"股债性价比"这么有效？它的原理究竟是什么？实际上"股债性价比"衡量的是股票作为"增长型资产"和债券作为"不增长资产"的价值。以国债为例，投资者如果购买面值 1000 元、利率 3% 的国债，每年可以获得 3% 的利息收入，但本金投入永远不会增长；相比之下，购买 1000 元的股票指数资产，该股票指数背后所代表的指数成分公司净

---

① Wind 偏股混合型基金指数：Wind 根据市场上所有成立时间超过 3 个月的偏股混合型基金等权编制的基金指数，大体上反映国内偏股混合型基金的整体表现。

利润每年都有一定程度的增长，同时每年对股东进行一定的分红派息。

作为一种"增长型资产"，正常情况下股票指数的分红派息率应该远低于国债收益率，但当市场极度悲观、指数持续下跌之时，甚至会出现股票指数股息率接近甚至高于国债收益率的情况。要知道股息本质上是购买股票"附赠"的收入，获取股息本身并不影响持有股票这类"增长型资产"的净利润增长。当股票指数的股息率接近甚至高于10年国债到期收益率时，在历史上往往是市场情绪极度悲观、即将否极泰来的时间点。很幸运，我在2020年3月就把握住了这次机会，通过投资基金实现了财富增值。

霍华德·马克斯在《投资最重要的事》一书中提到，人们面对正常商品的时候，通常会对商品价格的下降表示愉悦，对商品价格的上涨表示烦躁。而面对股票市场人们的情绪正相反，人们往往对股票这个商品价格的下跌感到烦躁，对股票这个商品价格的上涨感到愉悦。

"股债性价比"让股票资产在我们眼中变成了正常的商品，让我们在股市下跌的时候感到兴奋，在股市上涨的时候感到沮丧。"股债性价比"用定量化的方式让你明白在什么情况下处于市场低估位置，以及我们应该在市场低估位置持续买入；同时在市场人声鼎沸的时候（比如2021年1月），告诉你应该逐渐离场，不要被"羊群效应"裹挟，高位冲入市场做接盘侠。

当"基金星探"，一定要学会"逆人性"

从2020年末成为主理人至今已有快3年的时间，其间我连续两年跑赢被誉为"FOF[①] 天堑"的Wind偏股混合型基金指数，2021年更是

---

① FOF：Fund of Funds，基金中的基金。

以全年平均 60% 的仓位跑赢了 Wind 偏股混合型基金指数 3 个点以上。在我管理基金组合期间，"不过多配置行业主题基金"和"挖掘新锐基金经理的基金星探"是我最显著的两大标签。

从 2020 年开始，我更多偏向于选择均衡风格的基金经理。因为相比将过多筹码押注在单一赛道的基金经理，均衡风格的基金经理的收益来源于多个行业和多个因子暴露，其长期业绩更多的是其个股和行业配置能力的体现，折射了这一类型基金经理在大部分行业高于市场一般认知水平。2019—2020 年，我选择的均衡型基金经理包括中欧行业成长的王培、工银瑞信文体产业的袁芳、富国美丽中国的张啸伟、交银新成长的王崇。这些基金经理普遍具有个股分散、行业均衡和收益来源多元化的特征，其单一行业配置比例基本不超过 30%，前十大个股持仓不超过 60%，同时具有 3 年以上优异业绩。

但这套选基方法在 2020 年末也受到了新的挑战。因为上述具有 3 年以上优异业绩的基金经理在经过 2019—2020 年"基金大牛市"之后，管理规模迅速扩大，整体风格被迫转向大盘成长，导致他们在 2021 年春节后那拨剧烈回调过程中，整体回撤和波动率控制远低于之前 3 年的表现。

在基金投资层面，我坚持"不走寻常路"，被大众捧上神坛的基金经理我一概不碰，首发火爆、一日售罄，甚至比例配售的基金经理一律会被我列入"黑名单"。因为这些往往意味着这位基金经理的管理规模已经超出了他的策略容量。作为一个买了十几年基金的老基民，"规模是业绩最大的敌人"这句话我还是略知一二的。因此我们在 2020 年末和 2021 年初也对选基框架进行了调整，缩短了对基金经理任职年限的要求，转向挖掘更多的新锐基金经理。

传统的基金经理筛选框架往往会以过去 3 年历史业绩为基础，而过去 3 年的排名、夏普比率和卡玛比率是许多专业基金投资研究人员常用的指标。而我的选基框架与之相比，一方面，没有年限限制，基金经理只要完整管理产品满 1 年即纳入我的定量分析体系；另一方面，对于过去 3 年夏普比率等指标，我也弃之不用，按照我的投资认知进行大幅优化和改良。

因为根据我过往的基金投资经验，过去 3 年的这些指标在统计学上往往容易受到"近期偏见"的影响，即某基金短期表现优异，则会使得该基金在过去 1 年、过去 3 年乃至过去 5 年的业绩排名分位数、夏普比率等指标呈现大幅优化。这样往往使人们忽略该基金在过往 3 年的某个或者某几个时间段业绩表现极其不稳定的事实。在投资这件严谨的事情上，我们要尽量避免一叶障目。

保持"弱者思维"，培养"认知优势"

除了热衷于购买"顶流基金经理"容易产生亏损以外，另一个通常让普通投资者蒙受巨额投资损失的投资行为是"追逐行业主题基金"，这就又要说到"弱者思维"了。"弱者思维"是熟悉我的"粉丝"时常听我念叨的一个投资理念，而形成"弱者思维"的本质原因是：一方面，我从小受批评比较多，不会过度自信；另一方面，同我时常与这些优秀基金经理交流、学习有关。像崔莹这样天赋异禀、多次斩获金牛奖的基金经理都强调"尊重来自市场的反馈"，刘畅畅也认为"在市场面前自己只是小学生"。这些每天接收和分析大量来自市场和行业的信息，同时有数十位资深行业研究员提供研究支持的投资界佼佼者，在面对市场先生时都干脆地自认弱者，我又何德何能认为自己可以玩转行业轮动策略呢？

高估自己的能力、过度自信是人们在股市和基金投资中常犯的错误之一。以我十几年来股市、基金投资的经历来看，我的确是"弱者思维"的坚定执行者。从 2006 年初入股市时期认为自己"比拼不过老股民，更拼不过股评"，对股票唯恐避之不及，转而投资基金；到 2019 年拨乱反正，将自己从个股和行业研究中解脱出来，重回基金投资阵营，这正是我敬畏市场、尊重市场，不过度自信（甚至有点自卑）的真实写照。

热衷于炒股和采用基金进行所谓行业轮动，本质上是"贪胜思维"的体现，其隐藏的逻辑是投资人希望在尽量短的时间赚到足够多的钱。不过我们需要认识到，虽然长期来看基金是一种比个股胜率更高的投资工具，但投资的本质是你对该投资品种具有超出市场平均水平的"认知优势"。而"弃股从基"本身就是敬畏市场、向市场妥协的一种表现，如果你只是将行业 ETF 或者行业主题基金视为一种类似于炒股的交易工具，那就偏离了我们选择基金投资的本意。

我虽然从未当过一天基金研究员，但从对基金投资的认知出发，通过对优质基金的一些理解，设计了一套适用于全市场基金的定量化打分体系，并通过这一体系选出了像刘畅畅、周智硕、杨嘉文、董辰、綦缚鹏等优秀新锐基金经理。不得不说运气也占了很大一部分；当然也可能和近两年 A 股市场整体中小市值因子占优，使得新锐基金经理 Alpha 能力比较突出有关。而作为基金投顾组合管理人，我还需要不断迭代自己的投资认知水平，持续优化我的选基框架，以适应不断变化的市场环境。

持续进化 19 年，关键在于"坚持"和"做正确的事情"

我投资基金也有 19 年时间了，对我来说投资并不艰难，人到中年，我反而越发享受投资带给我的乐趣。基金就是我的生活，我的生活就是基金。

许多投资前辈认为投资是孤独的，而我认为过去几年基金投资的成功经验让我的家庭变得更幸福了。与以前拼命研究个股相比，以基金组合为主要投资形式使我花在投资研究上的时间更少了，陪伴家人的时间更多了。2020 年我的基金收益大获全胜之后，我喜迎二胎，拼成了一个"好"字。

基金让生活更美好，把时间留给你需要陪伴的人，让投资更简单。这恐怕是我投资基金 19 年来最深的感悟。相信我们可以在雪球的陪伴下，把"坚持"和"做正确的事情"长期做深做细，我也会一如既往地和"粉丝"坦诚相待，做一个知行合一、实盘业绩出色的投顾主理人。

静待花开

学会和时间做朋友

一夜暴富或者慢慢变富,你更喜欢哪种?
其实,时间是投资者最好的朋友。
敬畏市场,坚持做正确的事情,
其他的交给时间吧!
它会给你最好的答案。

投资理财这项基本生存技能,我希望孩子能掌握它

三胎奶爸

投资笔记

投资者应该先想清楚自己要赚的是什么钱。在我看来,利润的来源有三种。第一种:好生意本身的利润。第二种:卖保险的钱,做风险的承担人。第三种:赚共识的钱。

对于普通散户来说,第二种和第三种机会都是很难把握的。它们需要很高的认知灵敏度、系统操作框架和运气。第一种机会则相对容易,散户可以选择平时看得见、用得着的消费类公司,或者自己从事的某个行业。但对于细分行业来讲,散户也需要具备专业知识。所以,我推荐给普通投资人的策略是长期持有几个自己平时用过的确觉得好、被心甘情愿赚了很多钱的生意。我自己也是这样做的。

他是一位三胎爸爸，时常在雪球分享他与 11 岁女儿的谈话记录，"与女儿聊投资"系列文章被一些"球友"誉为优秀的教学模板。他说"教育是给孩子心中装上指南针，而不是给他们画好路线图"；他称自己不是教育专家，希望可以努力培养孩子在成年前掌握"如何用投资赚钱"这项基本生存技能，成为一个自立的人。

一场金融危机让一个"码农"对金融产生了兴趣

我所学的专业是计算机，之前在上海工作，后来在西雅图一家数据公司工作，平时主要是自己做投资。2008 年的国际金融危机对我来说是一个转折点。当时我在纽约工作，雷曼兄弟倒闭那几天的事情至今仍然非常清晰地印在我的脑海。9 月 15 日是星期一，那天早上我上班途中路过时代广场，看到雷曼兄弟那座楼外有几个工人开始拆除门口的标志，那个场景非常魔幻，像拍电影一样不真实，震撼人心。从那时开始，我对"整个资本市场是如何运作的"这件事便产生了强烈的好奇心，决心要把它搞懂。

困而知之：回归价值投资

在我看来，学习的路径有两种：学而知之和困而知之。有的人天赋比较好，通过书本能快速领悟其中的道理。而大部分人，即使书本直接给出了答案，也很难真的明白并转化成自己的东西，只能靠不断试错，碰到了困难再想解决办法。这样倒过来摸索出的道理，让人印象深刻。我应该属于后者。在投资上我走了很多弯路，好在好奇心比较重，最终明白了那些道理。

一开始，我把金融专业的教材找来学了一遍，还考了 CFA，但感觉现代金融理论很难说服我。因为是技术专业出身，所以后来我很自然地做了量化交易。但做了一段时间后，我对这些模型得出的结论很困惑，虽然从中赚了一些钱，但是不明白其中的原因。后来我又花了很长一段时间看了各投资流派的经典著作，又回到了价值投资，也算是困而知之。

我认为，做投资要善于观察发现，保持一颗好奇心，生活中出现 3 次以上的事情必须研究。如果我在生活中遇到某个名词达 3 次以上，那我一定要去研究，弄懂它背后的生意。以 Docusign 为例，这个公司专注于合同电子签名领域，很多人在买房的时候用过它。后来我发现我们公司的一些销售合同也逐渐使用 Docusign 来签，差不多接触了两三次之后，我发现这个生意好像发展得特别好，于是开始研究这家公司。

我喜欢这个生意。一是因为它简单，解决了商业行为中签订纸质合同和合同保存的痛点，尤其需要大量签合同的商业模式，如房地产、劳务输出、医疗、保险，使用它可以降低成本、提高效率。二是市占率高，已开发市场有 70%~80%，Docusign 品牌逐渐变成一个动词"docusign it"。三是竞争对手相对较弱。Adobe 收购了 Echo Sign，改名为 Adobe Sign。但是因为 PDF（Portable Document Format，可携带文件格式）的成功，Adobe 不容易把自己定义成一个云服务商，更像是 PDF 的一个附加功能。反之，Docusign 收购了 SpringCM，策略很清晰，就是把自己发展成为一个合同全流程管理的云服务商。客户一旦业务数字化后，便很难改回到纸质合同，一般会逐渐开发更多新的应用。而一些行业、商业场景还没有实现数字化，增长和想象空间大。所以我看好这个生意。

要想做专业投资,不能止步于看见某个东西流行就去买它,"流行就买"存在很大的风险。所以我认为读财报才是投资的开始。之前有朋友和我聊到诸如"不想学会计""财报有几百页,太厚了,有没有其他办法"等问题,那么读财报有没有捷径呢?

我认为是没有捷径可走的。尤其对于个人投资者来说,投资需要常识,比如财务上的"存贷双高",意思是资产负债表上,现金和有息债务都很高,同时要看利息费用占收入或利润的比重(当然这是参考项,因为收入、利润甚至经营现金流,都可以造假)。这好比一个家庭,借了一大堆高利贷,却将这笔钱存入银行,然后每月用全家三分之一的工资去付利息,这正常吗?就是这么不正常的事情,还在 A 股继续上演。在这个市场,财务造假这样的事还在不断发生,所以投资者一定要懂财报,剩下的就是靠常识判断。

读财报要读些什么呢?我的一个理论是要像拼图一样。你如果想要研究一家公司,不能只看这家公司的财报,一定要把这家公司的上下游、竞争对手的财报找出来看,这样有助于你更好地理解这家公司。也许你看了它的财报后并没有得出什么结论,但你看了周围公司的财报,特别是竞争对手的财报,可能会提及关于这家公司的信息,也许信息反倒更真实一些。比如拼多多的财报提到它们的客流重度依赖微信,这是否也侧面反映了腾讯本身的用户量已经大到可以让拼多多来依靠?读到这一点,投资者就会意识到腾讯有一个非常强劲的护城河,在这里它是一个低成本流量的平台。

读财报不要纠结于诸如"这一季度它的 EPS(每股收益)是多少""它和华尔街的数据差了几个点"等问题。我认为模糊的正确好于精确的错误。通过读财报,你能否看懂财报背后这家公司生意的本质?它的生意比别人强在哪里？它所处的行业是否在上升阶段，能否有长远的发展？我认为定性比定量更重要。

此外，散户不要做行业深度研究，事实上也没有能力去做。以瑞幸咖啡财务造假事件为例，那时是因为有一家专业机构派了很多人到瑞幸各个门店蹲守才发现其收入造假。然而散户是没有能力来做这件事情的，所以我们应把精力更多地放在推理和决策上。

泰然自若，不做不对的事情

投资者应该先想清楚自己要赚的是什么钱。在我看来，利润的来源有三种。

第一种：好生意本身的利润。这个就是常说的买股票就是买公司，赚生意的钱，而不是市场的钱。

第二种：卖保险的钱，做风险的承担人。其实在危机中抄底，就是别人把一部分不愿意承担的不确定性，以资产打折的形式作为风险溢价转嫁给你。

第三种：赚共识的钱。一个共识在不断增强的过程中，是不断创造价值的，比如茅台酒的优点，和它十年前的优点有什么区别吗？倒叙的"皇帝的新衣"的故事在资本市场天天上演。我只认识到共识的存在，想要主动把握和操作共识还是非常难的。可能需要"上医治未病"的意识和风投式的仓位管理。我现在还不具备这样的能力。

对于普通散户来说，第二种和第三种机会都是很难把握的。它们需要很高的认知灵敏度、系统操作框架和运气。第一种机会则相对容易，散户可以选择平时看得见、用得着的消费类公司，或者自己从事的某个行业。但对于细分行业来讲，散户也需要具备专业知识。所以，我推荐给普通投资人的策略是长期持有几个自己平时用过的确觉得好、被心甘情愿赚了很多钱的生意。我自己也是这样做的。

我在美股和 A 股都进行了投资，但投资方法没有太大区别，主要区别在于投资者与市场的距离，以及能否把握第二种和第三种机会。比如，经常跑现场的研究员可以了解市场的真实情况；另外，从全球产业链来说，美国在顶端，利润高的消费类企业会多一些，但中国发展快，经济增速快。总之，我不会因为交易所不同而采取不同的策略。

有些人可能觉得 A 股和价值投资完全不搭，我对此有不同的看法。其实相对于美国，中国的机会更多一些。一方面，美国的市场更成熟，而中国发展较快，有很多投资机会；另一方面，美股的机构投资者更多，而 A 股有很多所谓游资、散户，炒作的氛围更浓厚一点，这样价格波动就更大，从而产生一些好的、便宜的机会。

我的投资清单上有一条：无法说服自己重仓的机会，我基本不看。错过看不懂的机会并不可惜。人的认知是有边界和偏见的，包括投资大师。投资无所谓去赶下一个风口行业。即使是普通人，一生中也会碰到几次大的机会。过去 20 年，谁没听说过茅台、苹果呢？如果看懂了，投资者自然觉得这是一个机会；如果看不懂，不管股价跌到多少钱都会觉得贵。而已经持有的投资者，股价大跌时，看着账户里的浮亏，可能才会想起其中的不确定性，往往就会在最坏的时候止损。所以，投资者买之前应看看自己是否有坚信买入的逻辑。

市场的牛熊是人类群体效应的一个表象。同样的产品、同样的逻辑在牛熊市中天差地别。道也者，不可须臾离也，可离，非道也。在牛市，你是否禁得起垃圾股票赚钱的诱惑，忍受傻子都能赚钱、自己股票不涨的煎熬？在人声鼎沸时，投资者要静下心来，读自己该读的书，做自己该做的事。如果因为外部牛熊环境的影响而改变了自己的行为，说明你还没有建立自己的逻辑。投资者不要在牛市越买越多，而是要思考一个问题：如果这只股票下跌95%，那些逻辑和信仰是否还能支撑我拿得住它？

我一直告诫自己和周围的人，不要犯两个错误：一是不要看到别人赚钱了，自己心里着急，加上之前的仓位赚钱了，起了贪念，拿更多的钱一路追买，成本加仓呈倒金字塔形，这样做很可能一个小的回调就会让投资者扛不住；二是手里有现金不要急着抄底，散户最容易犯的错误就是之前一路踏空，心急如焚，看到下跌5%、10%就迫不及待地满仓抄底，结果被挂在半山腰，等机会真的来了却没钱买了。

投资者要耐心等待，投资中最难的事是什么都不做。我在大部分时间其实没有什么操作，不做不对的事情，发现情况不对就立即停止。就如同那句话，发现自己在一个坑里，最好的举动就是停止挖坑。

降低预期，投资最重要的是感到快乐

有人曾问我："投资很难，你是如何坚持下来的？"我记得冯柳说过一句话，大意是如果你感觉做投资是在坚持就不对了。投资一定是一个快乐的过程，你如果感到痛苦，一定是欲望超出了能力。要么提高自己的能力，要么减少自己的欲望。提高能力是一个缓慢的过程，而减少自己的欲望似乎更容易实现。如果有一个仓位让你感到非常焦虑，那么投资者不要在牛市越买越多,要思考一个问题:如果这只股票下跌95%,那些逻辑和信仰是否还能支撑我拿得住它?

不管盈亏，请减少仓位，直到你对它的涨跌无感。

我关注了几个散户炒股的微信公众号，他们像写日记一样每天更新，关注宏观、产业新闻，忙忙碌碌。他们被每天账户里 1~2 个点的日浮盈亏折磨得心力交瘁，又像买彩票的人一样紧握着手里的彩票，希望自己的票能一飞冲天。这样怎么可能赚到能成为富人的钱，进而改变命运呢？就算用这样的方式发现了交易的独门秘籍，一路折磨煎熬过来，换来了一些钱，青春和时间都消耗了，不值得。太痛苦赚不了钱，用痛苦和时间换来的钱，没有任何意义。

长远来看，买股比买债强，买债比持有现金强。普通投资者能跑赢通胀已经很好了，要想达成自己的财务目标，一靠勤，二靠俭。拥有持续不断的现金流，是普通投资者最大的优势。不要过度消费，要让利润奔跑，大部分人能把握第一种"好生意本身的利润"就很不错了。选对生意后，你唯一可以把握的就是本金的积累速度。你要根据现在的收入对十年后的财务状况做出现实的估计。你如果对这个预期不满意，可能要减少你的欲望。

投资者要认清现实，调整心理预期，不要总想弯道超车，要先想着直线不落后。虽然人生并不是经常有提升自己阶层的机会，但是你随时可以结束或改正自己的错误习惯和决定。

培养孩子掌握"如何用投资赚钱"这项基本生存技能

我的投资和生活没有摩擦，家人看到我能专注做这件事情，也为我感到开心。与此同时，我希望可以努力培养孩子在成年前掌握"如何用投资赚钱"这项基本生存技能。我有3个孩子,大女儿已经11岁了。我在雪球发表了"和女儿聊投资"系列文章,记录和孩子聊天时一些有意思的话题。

我的目标是从小给女儿进行财商教育,希望她尽早做一个自立的人。一开始,我的方法是在生活中闲聊,解释资本世界运作的一些基本原理,比如向女儿解释钱是怎么来的、聊央行和美债等。我只在她有兴趣时才开启这样的聊天,并尽量用11岁小孩可以听得懂的话进行解释,但过了一段时间,我发现效果并不好。虽然女儿可以复述当时的问题与答案,但我可以明显感觉到她没有真的开窍或明白自己在说什么,毕竟"钱是央行发行的超短期债券"这样的知识离她的生活太远,也毫无实际用处。

意识到这一点后,我决定用更直观、更能和她的生活建立联系的方式,继续进行我的教育实验。一个契机出现了,女儿对养狗这件事着了迷,我与她最后达成的协议是:养狗可以,但必须分担半年的养狗费用,也就是攒够900元。她很快算了笔账,发现需要23个月才能完成,这对她来说显然过于漫长,难以忍受。于是她想出了一个不错的办法:教小孩英语对话。在得知有3个小朋友的家长愿意试试后,她非常兴奋。每周多赚15元,一个月约60元,多一点努力,就会增加很多主动收入。在这过程中,她自发地去网上查了如何在线教英语的资料,还进行了多次教学排练,而这一切的发生,并没有我的刻意逼迫或督促。

在此之后的某一天,我又惊奇地发现她在电脑前搜索"how to invest as a kid"(小孩如何投资)。我问她搜到结果没有,她悻悻地说:"网上都是how to invest for your kids(家长如何为小孩投资),没有文章教小孩如何投资。"我笑着对她说:"小孩投资很简单啊,买你喜欢的公司股票就可以了。你现在的钱不多，只能买小小的一份。如果将来你有很多钱，就可以把公司全买下来，那公司就是你的了。"于是后来便有了我与她共同研究 Spotify（在线流媒体音乐服务平台）年报并买下股票的故事。

当然，人们常说，该走的弯路，一米也不能少。某日，女儿从新闻中得知许多人因 DogeCoin[①] 而一夜发财。她感到兴奋，执意要买。虽然我对此多少有些吃惊和失望，但还是尊重了她的选择。最后，以亏了 200 元的惨淡结局收尾，女儿对此感到愤愤不平与懊悔。虽然如此，我还是感谢 DogeCoin，因为有时一开始运气不好也是一种幸运。

教育是给孩子心中装上指南针，而不是为他们画好路线图

随着科技的发展，制定具体的职业规划可能是徒劳的。比如你想成为一个马车夫，学成之后发现这项职业已被汽车司机替代。更重要的是时代在变迁，每个人都需要不断地学习适应环境的能力。其实每个人都具备学习的能力，但很多人为了生存而挣扎，很难有多余的时间和精力去改造自己、思考如何长远发展。我希望给孩子存一笔钱，不要让他们一踏出校门就为生计而奔波，进而陷入生存陷阱。

我并不在意他们毕业于哪个学校，而是希望他们能在踏上社会之前拥有良好的品质。在我看来，他们需要具备以下三个方面的品质：

第一，有审美，对自己有一定的要求。欣赏、向往他人高水平的成就，为自己能完成高质量工作而不妥协。

---

① DogeCoin：狗狗币，一种虚拟货币。

第二，独立思考的能力。这包括两部分：一是严密的逻辑与理性的思维，二是质疑的能力。

第三，多了解历史，至少要在头脑中建立近二百年近现代社会的历史框架。之前看了一个关于比尔·盖茨的访谈，谈到为什么他看书很快。他的解释是他在年轻的时候看了很多非虚构类书籍，脑海仿佛有了一个书架，再读其他书籍，只要按照作者讲述的年代和内容，将其在"书架"上归类就可以了。

我倾向的教育方式是给孩子心中装上指南针，而不是给他们画好路线图。具体的技术可能很快就会过时，我更希望他们能有一个思维框架。在此之上，当他们走向社会时，给他们一个小雪球去滚，告诉他们小心生存陷阱，希望他们能在自己的人生道路上走得更远。

做投资要有不较劲的智慧

姜 诚

投资笔记

我的投资框架是用尽可能低的价格,买尽可能好的资产。低价格和好资产之间的关系貌似相悖,其实不然。我们不能和市场先生赛跑,但是可以耐心地等待他出价。很多人说A股市场不适合做价值投资,因为波动太大,我认为这种观点是错误的。

首先,高波动的市场更适合做价值投资,因为市场不只会向上波动,也会向下波动,这就意味着市场会给你提供用低价买到好东西的机会。

其次,很多人觉得现在高估值的企业就是更好的公司,我觉得不对。好的东西依然有便宜的时候,因为市场先生的情绪是阴晴不定的。而且,我们现在认为的很多好的东西,其实并没有那么好。在识别公司好坏这件事上,市场是很低效的。

优质的资产与低廉的价格看似两个矛盾的概念，但其实在波动剧烈的资本市场，这两者的组合恰好代表好的买入时机。"兵无常势，水无常形"，投资亦是如此。在这个高手云集的"狩猎场"，中泰星元灵活配置混合 A 的基金经理姜诚就像猎鹰一样，慢慢等待着这样的机会。

我偶然找到了热爱的事业

1999 年我参加了高考，当时我比较喜欢理工科，第一志愿报考了自动化专业，但是阴差阳错进了金融系，没想到这份偶然成就了我后来热爱的事业。

2006 年我开始工作，第一段从业经历是在国泰君安资管。从这段经历中，我学会的是事无巨细地做调查研究。我会把一个公司的模型拆得特别细，带着一种很强烈的新鲜感和好奇心，把自己能想到的问题抽丝剥茧，仔仔细细地做自己的财务模型，甚至会去手抄报表。当然，那时候我对投资的理解也不太成熟，意识不到很多事即使你做得再细致，和投资结果也没有必然联系。

工作的前 3 年我是一名研究员，那时无论是食品饮料、煤炭还是造纸行业，都处于很好的生命周期。由于被分配到了比较好的行业，我研究的股票都在上涨。

2009 年下半年，我从研究员转变为投资经理。那时候赶上一个牛市，买什么股票都涨，所以我就觉得投资挺简单。那段经历给了我一正一反两方面的教育。正面的是，做事要细致，要有足够强烈的好奇心，要自己坚持做模型。现在我的一些研究工作的习惯也得益于当时的那段经历。反面的是，不能把运气归因为能力。这是我在国泰君安资管的时候没有意识到的，加盟了安信基金后才意识到，自己曾经是那么幼稚。因为我发现，原来之前我简简单单的选股视角是不完整的。在牛市，只要看到基本面的亮点，买入就能涨。你觉得你看到的基本面的亮点就是涨的理由，但其实不是，更多的是市场层面的因素。

于是，我重新开始思考自己的投资框架以及投资中最基本的概念——什么是价值投资。

这期间，我和业内投资大师也有过比较深入的交流，修正了自己对投资的基本理解，我对价值投资的定义在那个阶段开始变得稳定。价值投资的本质其实是购买一家企业，它的检验标准是"如果这只股票你买了以后永远都不能卖，你还愿意买"。

但其实投资框架与研究框架是两码事。在研究的过程中，我其实还是有很多短板的，我也一度习惯于现在主流的正向预测，即预测一家公司三五年甚至十年之后会变成什么样，并基于此进行价值判断。后面随着我的成长与经验的积累，慢慢发现"准确预测"这件事不太可靠。回顾我曾经做过的乐观预测，基本上很少有对的。

逆向构建安全边际是我做价值评估的方法论

那么究竟怎么做价值评估？通过学习，我意识到其实做价值评估是很难的，我们与其正向地、笃定地做出一个精确的判断，还不如用逆向思考的方式，构建一种安全边际。原来我理解的安全边际是低估值，现在我认为安全边际是一种状态。这个状态是事先通过细致的研究、独到的商业理解，对未来做出的有情景假设的预测。给最坏的情景做估值，这样未来的不确定性就能带来更多的惊喜而非惊吓。到此为止，我又形成了一个基本的方法论体系。

回顾我的职业历程和投资历程，我认为自己最初仅凭一腔热血，用很单纯的工作方式，以为找到了一个很简单的赚钱的办法。直到后来市场教育了我，其实投资远没有那么简单，它需要兼顾价格和质地这两个维度，并且投资者要秉持"长期都不能卖还愿意买"的这样一种初心，才能真正做到价值投资。

我一直在等待好公司好价格，不完全认同"深度价值"的标签

很多人喜欢给管理人贴标签，其实很多基金经理是不喜欢别人给自己贴标签的。我们每个人都有自己的特点。我的特点是不追市场热点，不求在任何一个特定阶段涨得比别人快，或者跌得比别人少。

我追求的是大概率上的赚钱，是长期更高的风险报酬比。我不贪速胜，但实际上结果还不错。如果用两句话概括我的理念，就是"愿意慢但未必慢""跟时间做朋友"。

有些朋友给我的标签是"深度价值"，但我并不完全认同。"深度价值"是一个特定时点股票组合的特征，这是从形式或者从结果出发贴的标签。但是，背后的原理并不是我为了买低估价值股而去买它们，而是在当前的市场条件下，按照我的投资框架挑选的股票，它们大多呈现出这样的状态。

我的投资框架是用尽可能低的价格，买尽可能好的资产。低价格和好资产之间的关系貌似相悖，其实不然。我们不能和市场先生赛跑，但

是可以耐心地等待他出价。很多人说 A 股市场不适合做价值投资，因为波动太大，我认为这种观点是错误的。

首先，高波动的市场更适合做价值投资，因为市场不只会向上波动，也会向下波动，这就意味着市场会给你提供用低价买到好东西的机会。

其次，很多人觉得现在高估值的企业就是更好的公司，我觉得不对。好的东西依然有便宜的时候，因为市场先生的情绪是阴晴不定的。而且，我们现在认为的很多好的东西，其实并没有那么好。在识别公司好坏这件事上，市场是很低效的。我没有买那些贵的东西，就等于没有买到好的吗？不是的。市场先生的喜怒无常一定能给你机会以低价买到好东西，过去我们赚的钱都是这样赚来的，只要有耐心就好了。

长期高获利能力基于三个标准：长坡、厚雪和慢变

"长坡"很容易理解，指的就是要有足够的空间；"厚雪"指的是格局要好，竞争优势要明确，才能够带来较高的利润率和较好的盈利能力；而"慢变"，很少有人套用这个标准。很多人喜欢新兴产业，喜欢创新带来的成长，但是创新之间也有区别，渐进式创新是慢变的，颠覆式创新是快变的。我认为快变的创新不太好。

颠覆式创新是克里斯坦森在《创新者的窘境》一书中提到的。我们要找长期有超额获利能力的公司，但当企业处于一个快速变化的行业时，领先者反而容易被颠覆。比如一家公司辛辛苦苦地建立了产品在工艺上的领先优势，却突然遭遇了技术上的颠覆，行业的游戏规则可能就完全变了，公司原来的优势也可能变成劣势。就像当初光伏行业的某龙

头企业，当行业的太阳能电池片以多晶路线为主的时候，人们发现这家企业挺厉害的；后来变成单晶路线了，它就突然从领先者变为落后者，这就是一个很典型的"颠覆性创新"。

但是很多行业的创新是渐进式的，也就是一点点地改进，有利于实现"强者恒强"。比如传统的汽车行业，领先者在研发和生产上的经验会帮助它变得越来越强，还有化工行业等传统行业中的很多都是慢变的。慢变其实是有好处的。

要想滚一个大雪球，坡道、雪道要足够长，雪要足够厚，这两点大家都能注意到，但是很多人忽略了这条雪道上有没有急转弯。我们试想一下，如果雪道很长、雪很厚，但是它有急转弯，那么雪球滚得越大就越容易翻出去，这就是一个形象化地理解颠覆式创新的视角。所以我认为，要找寻好公司，"长坡、厚雪、慢变"是标准。

其实"长坡、厚雪、慢变"都是对未来的预测。在对未来进行预测的时候，我的观点是，做出准确的单一情景预测是不现实的，我们要做多情景假设的预测。做多情景假设预测的目的是什么呢？是要留出安全边际。

目前我最成功的案例是投资某化工企业，因为这是一个安全边际极致兑现的案例。这家公司是做基础化工产品的，没有太高的技术含量，也都是标准化的产品，但是它靠很典型的规模经济和范围经济建立了很宽广的护城河，体现为特别明确的成本领先优势。其产品不是高技术含量的东西，也不需要专利来保护，仅仅依靠规模经济性和范围经济性以及它自身对生产工艺的理解等一系列优势，就让它获得了远超同行的盈利能力。

我们当时是在200亿元出头的市值水平买了它，以它当时拥有的业务来测算，在全行业不赚钱的情况下，凭它的成本领先优势能够获得

20亿元的利润。这样看200亿元市值就是一个很安全的状态，这意味着即使全行业整体持续不盈利，这只股票对我们来讲也仅仅是10倍的市盈率。而实际上，它的长期平均利润远不止20亿元，而且未来有很大可能性会继续拓展业务，这就是安全边际。

对于这只股票，我们是抱着免费期权的心态，买了一只有安全边际的股票。实际上它远超我们的预期，兑现了期权的价值，让我们赚了好几倍。这是到目前为止可复制性最强，也是最能集中体现我们投资风格的成功案例。

当然，我也有过刻骨铭心的失败。市场给我贴的标签是"价值型"或者"深度价值"，是因为我的组合呈现的更多的是低估值的特点。但是有些时候表面看起来低估值，其实是公司本身就不值这个钱，这种情况叫价值陷阱，我踩到过。

那大概是在2015年，我们买过一家汽车公司。它是一个利基市场的龙头，我们看不到外部竞争对手的冲击。当时有20亿元的利润，我们在它不到200亿元市值的时候买入，觉得是挺好的一种状态。但是后来出现了意想不到的情况，看似一个很小的利基市场，还是有对手盯上了它。所以我们眼睁睁地看着它的利润跌到了接近于零，随后进入股价越跌、市盈率越高的状态，这是很典型的价值陷阱。

这个案例给我的教训，就是概率不大的一些事情也是有可能发生的。

选择公募，帮助更多的人赚更多的钱

2010年我离开国泰君安资管的主要出发点就是想做公募。在公募和私募当中，我很早就明确选择了公募。

首先，虽然各基金公司和绝大多数的基金经理深陷短期排名考核的外部压力，但是公募产品这样一种形式，反而在时间上是最宽容的。因为这个产品一直存在，所以如果想长期践行某种理念、努力证明一些东西的话，公募是一个很好的载体。

其次，公募特别公开透明，没有什么可以藏着掖着，也忽悠不了人。如果你想证明自己的能力，公募也是一个很好的载体。

再次，相比私募，对客户而言公募是普适的，它可以同时服务所有投资者。这背后是我的一点点情怀和理想主义，我希望能既帮助有钱人，也帮助不那么有钱的人。正因为它普适，所以可以把规模做得更大，可以服务更多的人，这是公募的另一个"犒赏"。

最后，我觉得自己做私募基金经理和做公募基金经理的长期业绩并不会有本质的区别，做私募不会让我的净值涨得更快。我做私募，无非自己多赚一些、客户少赚一些，并没有创造财富的增量。

这些理由都是我真实的想法。我的目标一直是帮助更多的人赚更多的钱，而不是简单的自己赚钱。

人生最好的投资是投资自己

我想对刚入行的年轻人说，人生最重要的投资不是把你的工资省下来投资股票或者基金，而是对自己的投资。我一直学习，而且没有给自己制定太多的短期目标。任何一个结果的形成或者一种习惯的养成，都有先天和后天两重因素的作用。先天上来讲，我没有那么多目标导向；后天上来讲，我选择向优秀的人学习，建立更丰富的知识框架。

尤其在阅读了《穷查理宝典》之后我发现，投资就是要不断地阅读、学习。随着知识的不断积累，你获取新知识的速度越来越快，种类越来越丰富。这时，你就可以体会到芒格所说的"跨学科综合基础"带来的 Lollapalooza 效应[①]，即当你真的读了很多"不务正业"的东西之后，才能体会这些其实很有用。比如你读历史、认知科学时，可能觉得读商业知识、读投资理论甚至是读心理学对投资的帮助更大一些。但是你如果总是带着这种功利心去读书，反而会在绝大部分的时间把自己置于"其实你掌握的知识不够用"的状态。当你漫无目的地读一些看似没用的知识，这些知识也许会潜移默化地帮助你。这个道理是我在芒格和巴菲特的引导下意识到并刻意去强化的。

一个基金经理平凡的一天

我一般每天早上5点多起床，6点在家里吃完早饭，出发坐地铁，在地铁上看书，7点多到公司。

到了公司之后，我会把前一天晚上的资讯泛泛地读一下。即使是一些实质性的资讯我也不介意，因为我并不是很在意边际信息上的领先优势。在大部分同事上班之前，即8点半之前，我会做一些研究工作，思考投资方面的事情，整理研究成果，更新信息。大家都来上班之后，就

---

① Lollapalooza 效应：出自查理·芒格的《穷查理宝典》一书，是指多个互相联系的同向因素叠加后产生了极强的放大作用。

做一些需要同事配合的工作，比如写文章、做访谈、接待客户、出去路演等。到了下午，我一般会参加投资标的讨论以及与投资相关的例会，当然这个频率是不确定的。我每天的工作大体上就是这样，但每天的顺序可能不一样。

我每天上班比较早，但是下班也比较早，下午5点准时下班，因为我要回家陪我的家人吃晚饭。除了出差，我在外面吃饭的频率很低，我会尽量和家人一起吃饭，也从来不和同行在午餐或晚餐时间交流。我有两个孩子，他们都在读小学。我会陪他们写作业，陪他们聊天。他们上床睡觉之后，我会再读会儿书。睡前我也会看雪球上的留言评论，如果发现一些有意思的问题就进行回复。当然，如果市场有比较重大的事件，我也会关注，但整体来讲，时间上没有那么紧迫。

这就是我——一个基金经理平凡的一天。我留给看盘的时间很少，不过我觉得看盘并没那么重要。

入市近10年，我所走过的投资路

阡陌说

投资笔记

选择主动型基金的标准，目前我的策略主要考虑以下7个方面。

（1）基金公司的实力。（2）买主动型基金就是"买基金经理"。（3）基金经理任职以来，所管理的基金在同类型基金中排名靠前，且近3年业绩优秀。这个业绩包括回报率、最大回撤等指标。（4）不追热点，尽量少碰主题类基金。（5）基金规模方面，如果基金经理过去业绩好且换手率高，则规模不宜太大；如果基金经理的风格偏大盘，规模的容忍度会高一些。总之规模不能太大，以50亿元以内为宜。（6）机构投资者的持有比例。这个比例不是越高越好，但是尽量不选机构投资者持有比例低于1%的基金。（7）基金评级、晨星评级、金牛奖等。

出生于小县城、从小缺乏财商教育、在一线工地从事建筑工作、投资全靠自己摸索，这些不利因素并不能阻止他对投资的热爱。从 2012 年买入第一只股票开始，他不断地钻研、读书，和其他投资人交流，在股市摸爬滚打，终于走出了属于自己的一条投资路，并在雪球分享关于基金的知识。有的人可能生在罗马，但有的人一步一个脚印，也能踏踏实实走到罗马。他就是雪球基金创作者 @阡陌说。

没有什么能够阻挡我对投资的热爱

我是一个"80 后"，出生在苏北的一个县城，大学就读于土木工程专业，整个学生生涯基本没读过投资类书籍。

2004 年我参加工作，从事建筑行业，前几年都在一线工地，可以说是风里来雨里去，吃了不少苦。2009 年我考取一级建造师资格证书，之后读了建筑经济与管理的在职工程硕士。可以说我就是一个普普通通的工程管理人员。

2012 年至今，我投资股票、基金，不断形成自己的投资体系。投资也逐渐成了我的兴趣，对比数据、挖掘好股和好基能让我由内而外的兴奋，分享投资笔记也就成了水到渠成的事。我很喜欢看雪球上的内容，也乐于在雪球交流，和一群志同道合的人讨论投资，对我来说很宝贵。

我们这一代人缺乏财商教育，没有经过系统的学习，都是自己摸索，走了不少弯路。比如，从逻辑角度根本不知道炒股挣的是什么钱；只关注 K 线的波动，不会分析企业的基本面和前景。投资至今，我也踩了很多坑。

2012 年我在管理一个工程时，甲方一位领导特别喜欢炒股。为了寻找共同话题，我也去开了户，在什么都不懂的情况下买入人生第一只股票。2015年牛市前，我们的项目总监跟我说某只个股可能要重组，我轻信并买入后却被腰斩，可以说2015年之前的炒股都是不得要领的。

2015年牛市时，我买入伊利股份，持有到2017年就卖了。我也在P2P（点对点网络借款）盛行的时候投资过P2P，最后竹篮打水一场空。除了股票，我陆续买过旧版人民币、熊猫金币等。

从2017年开始，我买了雪球系列成套的图书和国外经典的投资类书籍，也关注了不少投资"大咖"。我看过的基金类图书有季凯帆、康峰的《解读基金：我的投资观与实践》，银行螺丝钉的《指数基金投资指南》，老罗的《指数基金投资：从入门到精通》《基金定投：让财富滚雪球》，金伟民（@持有封基）的《聪明的定投：让工薪族理财不再难》，徐大为的《低风险投资之路：低风险也能高收益》，刘诚的《投资要义》等。

通过不断地看书、学习，加上之前几年在股市的磨砺，我渐渐形成了自己的投资方法论，从此我的心态更稳了。我大概知道了我们投资挣的是企业成长的钱或是估值情绪的钱，也大概知道了价值和成长、大盘和小盘，知道了自上而下的宏观、中观及自下而上的微观，知道了周期、非周期，知道了景气度、产业趋势、确定性等。

我喜欢满仓，但要分散持有

2017年可以说是我投资的分水岭，2018年初我的账户就已经满仓了。我目前始终保持满仓状态，持有的股票和基金比大概是7∶3，股票采取的是基金化运作和分账户打新策略。

自从分散持仓后，单只股票的收益率就提高了。但腰斩的个股也有，好在仓位比较分散，其对整个持仓的净值影响会越来越小，整个持仓波动不会太大。另外，我基本不做杠杆，对于每天的波动看得比较淡，平时也不盯盘。我全年的换手率很低，比较"佛系"。我相信股票组合长期还是向上的。

选股方面，我比较看重优秀的低换手率基金经理的前十大重仓，结合自己的认知，在估值不怎么贵的情况下，考虑买入长期 ROE 比较高的股票。买每只股票要有分批建仓计划，留下腰斩下跌需要加仓的空间，尽量做低成本价。当然，这样做可能踩雷的概率大一些。这时需要谨记的是，腰斩的个股谨慎加仓，或者拉开加仓的幅度和空间。散户相比基金经理的优势是没有 KPI（关键绩效指标），以时间换空间。

行业方面，我喜欢弱周期的消费和医药行业。比如消费行业，和消费有关系的指数，特别是食品饮料指数，长期是走牛的；又如医药行业，中国人口老龄化程度不断加深，养老医疗产业肯定是利好。所以通常美股、A 股历史上长期涨幅比较好的行业，我给予的仓位会稍重；我也会自上而下从长期逻辑出发看产业趋势，目前我比较关注护城河、景气度和产业渗透率。

在分散持有的基础上，我会择时买卖；在股市显著高估的时候，连底仓都需要下降。怎么判别高估还是低估呢？市场有很多方法可以结合使用，比如沪深股市一段时间的成交额、资产证券化率、AH 溢价率[①]、PE/PB（市盈率/市净率）水位、百度搜索排名、融资融券额、新开户人数、基金销量等，还有就是通过生活观察。

---

① AH 溢价率：A 股与 H 股之间的价格差异程度，通常用百分比来表示。

基金是最适合普通人的投资方式

对于大多数普通人来说，我认为最好的投资方式是投资基金。虽然我目前还在投资股票，但是如果 A 股打新的红利消失，我有可能把资金全部挪到基金。目前我的基金仓位占三成，大部分仓位在主动型基金上，也持有中概互联等被动型基金。我觉得从难度而言，基金小白更应该选择主动型基金，有一定的知识储备后可以投资被动指数型基金。指数型基金是一个金融工具，对买点和卖点的把握更考验投资者的认知。

还有很重要的一点是，中国是一个散户比较多的市场。虽然曾有著名的"巴菲特与基金经理打赌"的故事，故事里指数型基金最终战胜了主动型基金；但我们要清楚地认识到，美国的市场更为成熟，基金经理想获得更好的 Alpha 收益是很难的。而中国的市场则不一样，主动型基金的红利未来几年在中国还会一直存在。如果一定要买指数型基金，比如沪深 300 指数、中证 500 指数，我建议买增强型基金；如果进行场外投资，建议买规模 1.5 亿~2 亿元的基金，在 A 股有打新增厚红利，如果规模太大，打新增厚贡献有限。

市场上的基金经理这么多，投资者该如何选择？投资前辈给我们留下了譬如"4433 选基法"等，都是可以借鉴的。选择主动型基金的标准，目前我的策略主要考虑以下 7 个方面。

（1）基金公司的实力。目前市场的基金公司中，肯定会存在马太效应[①]，所以尽量选择头部、有实力的基金公司的产品。

（2）买主动型基金就是"买基金经理"。基金经理的年限最好在

---

① 马太效应：一种强者愈强、弱者愈弱的现象。

不要盲目崇拜任何人，任何时候都不能低估市场的凶险程度，每笔投资都需要考虑最差的结果。

5~8 年，越长越好，尽量选择经历过牛熊考验的基金经理。但我也不排斥年限短一些的基金经理，最短 3 年，再短我一般不会选择。

（3）基金经理任职以来，所管理的基金在同类型基金中排名靠前，且近 3 年业绩优秀。这个业绩包括回报率、最大回撤等指标。

（4）不追热点，尽量少碰主题类基金。除非长期特别看好的，比如消费、医药行业，其他尽量买入行业配置相对比较均衡的基金经理的基金，让基金经理为我们决策买哪些行业。

（5）基金规模方面，如果基金经理过去业绩好且换手率高，则规模不宜太大；如果基金经理的风格偏大盘，规模的容忍度会高一些。总之规模不能太大，以 50 亿元以内为宜。

（6）机构投资者的持有比例。这个比例不是越高越好，但是尽量不选机构投资者持有比例低于 1% 的基金。有研究表明，机构占比在 60%~80% 的基金业绩相对比较稳定。相对于散户来说，机构肯定要"聪明"一些。

（7）基金评级、晨星评级、金牛奖等。基金经理获得五星评级当然是锦上添花的事。

还有几个相对来说偏门的选基方法也可以看看，比如基金管理人或者基金经理自购的基金、基金管理人员工持有比例较高的基金、规模不大却限购的基金等。

投资是人生的必修课

我长期看好中国权益类市场。一方面，我国居民资产中房地产占比约 70%，固收类资产占比约 28%，股票和基金的配置比例约为 2%。未来财富向股市转移，股票类资产占总资产的比例会不断上升，其中的增量孕育巨大的机会。另一方面，国内股市资产与房市资产的比值与发达国家的差距会不断缩小；政策上看，从科创板到北交所，种种措施都是支持证券市场的，把居民资产通过证券市场导入企业发展，再让民众分享企业发展的红利，这是大势所趋。

对于刚接触投资的朋友而言，如果不知道如何选择基金，可以直接选择沪深 300 指数基金，在行有余力的情况下，再去挑选更好的基金。

投资是有风险的，不仅考验投资者具备的金融知识，还考验其心理素质。不要盲目崇拜任何人，任何时候都不能低估市场的凶险程度，每笔投资都需要考虑最差的结果，所以还是建议多买几只基金，适当分散风险。

市场处于低位时，投资者要学会多收集筹码，虽然"工作的意义就是为了补仓"这句话听起来有调侃的意味，但我还是赞成的。换句话说，工作的意义是补充现金流，如果低估时买入资产，依然继续下跌，我肯定会将手中的现金换成更低估的资产。

投资是每个人的必修课，并不是说高学历的投资者或者金融专业的人就一定能做好投资。我始终认为，投资过程中，认清大势和保持良好心态是比较重要的。对于普通投资者来说，不在市场悲观时悲观，不在市场乐观时乐观，看准长期，不上杠杆，选择相关系数比较小的几只基金，分散持仓，忽略短期波动，之后静待花开就可以了。

投资是一场修行，思维方式才是股市决胜因素

张老师智者不惑

投资笔记

多年来，关于投资，我一直倡导以下3种思维方式：见微知著、逆反求异、践墨逐本。至于说到投资策略，我的答案是3个字：稳、准、狠。稳是基本面，准是买卖点，狠是重仓。

如何在股市生存？这"七千万"值得一看。（1）千万要看清宏观大势；（2）千万要认清内在逻辑；（3）千万要选择持续性热点；（4）千万要注重企业基本面；（5）千万要重视现金流；（6）千万要把市场的每一个人都当作聪明人；（7）千万要锚定未来的成长性。

"企业没有问题才是最大的问题""成功都是反人性的""在股市赚不到钱，原因只有两点：要么方法不对，要么心态不好"……

@张老师智者不惑当过大学老师，做过国家公务员，之后华丽转身变成老板，目前全职写作和投资。在十余年的投资路上，他曾犯过血淋淋的错误，也有幸挖掘过一些潜力股。他认为，投资最重要的是思维方式。那么，他推崇哪几种思维方式？他又是如何选择股票的？让我们走进他的投资故事。

"三不逢"长成"教科书"

我于1966年出生于陕西汉中一户贫苦人家，是典型的"三不逢"：生不逢时、生不逢地、生不逢家。凭借着个人的勤奋与努力，我考上了大学，后来在北京师范大学读研。毕业后我做过小学、中学、大学老师，当过国家公务员，但最长的工作经历还是在企业。我曾有幸追随中国商界最富传奇色彩的企业家史玉柱长达6年，并担任公司高层管理者的职务，经历了企业起步、兴盛、衰败、复兴的全过程，因此认识了微观经济和企业运营的一般规律。

2000年我开始当老板，创业于重庆，发展于南京，稳定于北京。2021年我从北京东二环居所搬到南六环创作室，全面开启写作、遛狗、刷雪球的生活。

尽管在老家所有乡亲的眼里，我是"教科书般的存在"，大家都拿我的故事教育自家的孩子，但我深知，从逆境成长起来的人才只是小人才。我羡慕并佩服那些含着金汤匙出生，成长于顺境，且愿意努力奋斗的人，他们才是大才。

2006年，在一位大学同学的"蛊惑"下，我匆匆读完帕特·多尔西的《股市真规则》，便跑步进入股市。真没想到，幸福来得如此突然，我撞上了中国资本市场有史以来最为波澜壮阔的大牛市，并且重仓了这拨牛市中最牛的股票。不到两年时间，我的持仓市值翻了五番，赢得昔日做企业的朋友的一片赞叹！

从此我开始迷恋股市。在我看来，这里既充满陷阱也充满机会，是认知变现最快的地方；这里既考验理性也考验魄力，既考验方法也考验心态；这里的人际关系极简，无须说违心的话、做虚伪的动作；在这里想做就做，不想做就歇着……

2008年，股市"熄火"。上年10月16日，上证指数最高达到6124点，成了所有参与者永久的辛酸和遗憾。当年10月28日，上证指数跌到1664点，几乎所有人"一朝回到解放前"。所幸，我因遵从《股市真规则》而躲过这一劫。2014—2018年，因忙于公司经营，我第二次暂别股市。2019年9月12日，我第三次入市。和前两次不同的是，这次我遇到了雪球。从2020年开始，每年开市第一天，我都会把我的投资组合公布在雪球，相约"在雪球写作，在雪球交友，在雪球养老"。

思维方式才是决胜因素

心态好才是真的好，从人性的角度而言，每个人都想利益最大化，都想买到最低点、卖在最高点，都想一买就涨、一卖就跌。但现实中，所有的成功都是逆人性的，所以我们必须抛弃一切幻想，拒绝一切小聪明的做法。

我就犯过这样一个至今令我后悔不已的错误。2021年初，我在15元以下重仓买入一只光伏新能源股，当时我认为其市值至少可以达到1500亿元，股价至少达到35元。不料，我买入以后它不涨反跌。当时，国外新冠疫情一天比一天严重，因此我推断该企业一季报和中报的业绩一定会受到严重影响，遂决定斩仓割肉，在其他股票上赚一把再回来买它。

后来，该股的一季报和中报业绩的确不怎么样，股价却起来了。直至今天，其股价尽管从最高处下跌了一半，但其市值依然在1700亿元以上。时间证明我那次买入的决策是对的，但操作时的心态非常不好。买对了，却没有拿住，其结果不是等于零，而是等于负数。因为它让我赔了很大一笔钱。

股市上演过太多像我经历过的这样的悲剧。投资者都想赚快钱，都不愿承受浮亏，一被套就恐慌，一恐慌就找企业的问题，问题一经放大就更加恐慌，然后割肉止损、不停地拍大腿抱怨，这几乎成了股市赔钱者的宿命。殊不知，每个企业都存在问题，企业没有问题才是最大的问题，要看这个问题是不是制约企业发展的致命问题。股市就是道场，投资就是修行。在投资领域，如果你赚不到钱，要么方法不当，要么心态不好。而心态尤其重要，只要调整好心态，就能战胜90%的参与者，步入10%的赚钱者的行列。

思维方式决定思路，思路决定行为，行为决定结果。所以，思维方式才是决胜因素。多年来，关于投资，我一直倡导以下3种思维方式。

1. 见微知著

所谓见微知著，其实就是以小见大、以局部见全部、以萌芽见结果。我前些年经常去企业讲课，出于尊重，对方肯定派司机到机场或高铁站接我。一般而言，我十分钟就能了解这家企业了。司机的接待礼仪和言谈举止基本上告知了企业的全部秘密。如果司机的衣着服饰、接待礼仪恰到好处，则说明这家企业管理有方，老板中规中矩；如果司机都能把公司的产品讲得头头是道，说明企业的产品和营销肯定不差。这就是见微知著。

以兴发集团为例，我从其之前的定期报告看到，公司电费单价仅 0.2 元／度，比市场价格便宜一半，我一下子有了研究的兴致。紧接着我了解到公司共有 190 余种产品，2020 年在只有 1 种产品涨价、其余产品全部降价的情况下，业绩增长率竟然超过 100%。我如获至宝，认真测算之后，高调地宣布兴发集团 2021 年第一季度净利润将超过 3 亿元，同比增长 10 倍以上。而那时卖方报告给出的最高值也不过 2 亿元，平均值只有 1.6 亿元。最终事实是兴发集团 2021 年第一季度净利润 3.5 亿元，同比增长 13 倍，全年股价最高涨幅达 546%，让所有人大吃一惊。

需要说明的是，见微知著只是一种可能性预判，投资者仍需进行大量的深度研究和论证，才能最终确定。

2. 逆反求异

逆反求异就是逆向思维。我们都知道股市"七亏二平一赚"，70% 的人是"韭菜"，10% 的人赚钱（其实大部分行业也是如此）。那你为什么还要随大溜、跟风跑呢？以中矿资源为例，它曾在 2018 年以 23 元的价格进行定增[1]。2020 年中期，股价跌到 16 元多，我在雪球明确宣布：中矿资源的股价在 2021 年 7 月一定可以达到 50 元。我之所以作出这样

---

[1] 定增：向少数股东非公开发行股份。

的预判，除了23元定增价之锚，还有一个基本逻辑：我认为一家企业只要在某个方面做到世界第一，就是有价值的。这是街头智慧和一般常识。后来，中矿资源的股价果真在2021年7月冲到51元，在2022年9月涨到109元。所以，凡事多从反面思考，站在少数人这边，可能会有意想不到的收获。

3. 践墨逐本

践墨逐本就是不为现象所迷惑，把握本质和规律。股价的本质其实就是它自身的含金量、内在价值和资金、市场情绪的共振，而不是K线图形、技术分析。《金刚经》有云："凡所有相，皆是虚妄。若见诸相非相，则见如来。"股价短期走势和K线图形等，都是"相"。

选股就像在深山老林寻宝，找到了便奇货可居、待价而沽。表面看是资金决定股价涨跌，本质上是由股票的内在价值决定的。至于那些一日游、三日游的概念妖股，它们就像白骨精一样，一定会被打回原形，投资者冲动买入这种股票，无异于刀口舔血、虎口夺食。对于这些股票，我常常退避三舍，隔岸观火。

前两年，光伏发电、风力发电大行其道，蔚然成风。在深入研究这些行业之后，我发现如果没有储能，风力发电、光伏发电、新能源最终都难以为继。这就是我于2021年7月买入一只小盘储能股的内在逻辑。事实再一次证明了我的选择是正确的，该股票的股价在不到两个月时间涨了将近4倍。我虽然没有卖到最高价，但也比较满意。

至于说到投资策略，我的答案是3个字：稳、准、狠。稳是基本面，准是买卖点，狠是重仓。

如何买入一只股票？

如果买入一只股票，我会把该企业的产品市场空间、行业景气度、护城河、企业文化、股价安全垫都搞清楚。因为在我看来，一个企业要想赚钱，短期靠营销，中期靠商业模式，长期靠产品。但凡能在市场存活10年以上的企业，其产品一定是有亮点的。

产品的市场空间，也就是大家经常挂在嘴边的"天花板"。市场空间越大，意味着"天花板"越高，产品潜力大，前景广阔。

一个企业要想不被超越，必须建立自己的护城河。护城河既可以是科研优势和技术壁垒，也可以是成本优势和市场规模。如果一个企业的技术壁垒很高，那么它一定有一个高水平的研发团队。所以无论研究哪一只股票，我都会把企业高管团队的资历认认真真研究一番。

企业文化首先是老板的思想文化，其次是老板的行为文化，最后演变成员工的行为文化。企业文化是一个企业能否凝聚一帮人做成一项事业的"软件"。一个企业，产品是它的心脏，资金是它的血液，人才是它的大脑，文化是它的灵魂。所以说，没有文化，企业便没有灵魂。

所谓安全垫，是指股价的安全边际。再优秀的企业，也不能用天价去买。当股价翻了很多番以后，投资者就不能进行定性研究了，这个时候应该进行理性的定量分析，看它最少还能涨多少，最多可能跌多少，如此权衡利弊，算出胜率和赔率。

如果买入一只股票，我会把它的毛利率、净利率、净资产收益率、市盈率、现金流认认真真地看一遍。因为在我看来，这几项数据异常重要。毛利率反映一个企业产品的竞争力；净利率反映企业的三费管控能力；净资产收益率反映企业的赚钱能力；市盈率反映股价的性价比；现金流真实呈现企业究竟能否把钱赚到手，利润可以调节，现金流无法调节。

如果买入一只股票，我会用4把尺子认真度量一下这家公司。这4把尺子是：成长性、持续性、确定性、性价比。任何一点不过关我都会放弃。

投资里的"七千万"

我不在意高管减持，不在意短线涨跌，不在意头上有没有3只黑乌鸦[①]、底部有没有红三兵[②]，而且会把这些视作噪声，彻底屏蔽。我认为，在这个市场赚不到钱，原因只有两点：要么方法不对，要么心态不好。如何在股市生存？这"七千万"值得一看。

1. 千万要看清宏观大势

经济运行有其内在规律，有些行业注定比其他行业更容易赚钱。宏观大势还包括国家政策导向、产业发展趋势、银行利率调整等。投资者可以静下心来想一想，在未来5年甚至更长时间，有哪些行业的日子相对轻松、好过。

2. 千万要认清内在逻辑

股价上涨，表面看是资金推动，实际看是价值规律在发挥作用。一

---

① 黑乌鸦：由3根绿色K线构成的形状。
② 红三兵：由3根红色K线构成的形状。

个相对于未来成长性而言严重低估的企业，就像一个姿色倾城的美女，一定会吸引很多双眼睛。而一旦被越来越多的人看好，资金就会为其倒戈。散户一定要到有鱼的水域钓鱼，不要在没鱼的地方撒网。比如2023年第一季度，数字经济和人工智能就是持续的热点，表面看是由资金推动的，深层逻辑是大家都认可它未来的发展。

3.千万要选择持续性热点

换言之，千万要回避短线热点。股市很多热点是不可持续的，经常上演一日游，今天买入、明天挨刀的概率极大。就连被称作"聪明钱"的港资，也经常遭遇"一字断魂刀"①。我们务必引以为戒。

4.千万要注重企业基本面

买股票就是买企业。买企业就是买它的高管团队、核心技术、拳头产品和商业模式，这就是企业的基本面。皮之不存，毛将焉附？如果没有这些做依托，何谈生存和发展？何谈盈利和现金流？

5.千万要重视现金流

这是怎么强调也不过分的一点。一个企业有多少资产不重要，有多少现金更重要。因为，资产不等于良性资产，良性资产不等于优质资产，优质资产不等于随时可以变现的资产。尤其在货币政策收紧的年份，企业若没有现金流，很可能会倒闭。

6.千万要把市场的每一个人都当作聪明人

投资者一定要把这个市场的每一个人都当作聪明人。千万不要以为

---

① 一字断魂刀：游资主力惯用的一种出货手法，体现了主力极强的出货意图。

自己比别人跑得快,就去参与那些击鼓传花的游戏,或者幻想有一个比你更傻的人,以更高的价格从你手里买走股票。

7. 千万要锚定未来的成长性

你买一只股票,买的是企业的未来,绝不是它的过去。在你买入之前,它的一切都跟你没有关系。资本市场最愿意给未来的成长性支付溢价。只有企业未来的业绩能够持续增长,股票才会持续上涨。

相比于认清投资,更重要的是认清自我

韭菜投资学

投资笔记

我的投资思路就是扬长避短,在不具有优势的领域追求市场平均,在有优势的领域争取超额收益。具体策略上,通过持有高度分散化的组合,例如使用指数增强基金组合、主动基金组合,让机构帮我实现选股的超额收益;同时参考估值判断市场大致的顶底区间,自己做大周期的股债轮动择时。

在标的选择上,我不会依赖"看好"来做决策。我也会看好某些标的,但我深知这些观点不具备足够的可靠性。一是"看好"本身可能出错,二是即便"看好"对了也很难定价。

如果把投资圈比作武侠世界，那么市场就是各路高手切磋技艺的比武大会。市场的每一个人无不拿出自己的看家绝学，百舸争流。有一类高手，他不显山露水，却深悟博弈之道，任由风雨飘摇却能屹立如山。正如金庸先生在《倚天屠龙记》的那段心诀："他强由他强，清风拂山岗。他横任他横，明月照大江。"面对风云多变的市场，他淡定自若，潜心修炼自己的"内功"。正如同他对待生活那样，在喧闹嘈杂的世界，追寻着属于自己安静、自由的天地。让我们走进@韭菜投资学的世界，领略他的投资修行路。

一个随性的选择，结缘一生的事业

我是@韭菜投资学的李小葱，来自北京，成长于一个普通工薪家庭。从小到大，我的父母对我的教育格外重视，希望给我创造最好的教育环境，对于我的人生选择，他们也给予最大的支持。

我从小学习比较好，是很多家长眼中"别人家的孩子"。很多人可能觉得"别人家的孩子"对未来会特别有规划、有理想，但我其实是一个不太知道将来想做什么的孩子。

高考时我想的就是尽可能考个好点的学校，最后考入清华大学，本硕连读。上大学后，我对选专业完全没有概念，听别人说清华的工科好，容易找工作，于是选了工科。后来开始了解就业情况，发现金融行业工资更高，那些西装革履的投行精英特别酷，所以希望可以学习金融知识，选修了很多经济、金融类的课程。现在回过头看很感慨，当初一个很单纯的想法，却让我结识了追随一生的事业。

找工作的时候我的运气还不错，正好那时候金融企业喜欢招具有工科背景的复合型人才，我顺利入职某国有大行的投行部，从事债券承销工作。为了补齐自己在金融方面的短板，工作前两年我利用业余时间考取了 CFA。几年之后，我跳槽去某私募做母基金的股权投资，至此算是固收和权益都接触过了。

从事金融领域的工作，在外人看来很光鲜，其实很累，也会面临各种工作压力。工作了一段时间之后，我觉得这样的工作并不是我所期望的，我还是更喜欢自由、安静、平和的生活。当然大家可能都喜欢这种生活，关键还是钱的问题。我工作几年有了一定的积蓄，自己投资做得也还可以，索性就辞职了。

辞职之后我跟小韭一起做了久聪基金组合。后来按照要求，民间基金组合都要升级为机构的投顾组合，于是我加入了华宝证券，继续参与组合的相关工作。

未被市场"痛扁"，不足以谈投资

我做投资的初衷其实很简单，就是想多赚点钱。不过我一开始入市都是亏钱的，散户能犯的错误我都犯过，下面就和读者朋友聊聊我被市场"痛扁"的经历。

我是在 2007 年大牛市的感召下入市的。那时候我还在上大学，选修了几门金融课程的我自认为也算科班出身，理应比身边的人赚得更多。虽然刚入市的那几天我的确赚钱了，可后面牛市触顶、大跌来临，我在市场赚的第一桶金还没拿到手，就连本带利都还了回去。

也许很多人以为我会吸取 2007 年投资失败的教训，有所成长。可是并没有，等待我的是更大的失败。硕士毕业后我进入金融行业，学到了不少东西，利用业余时间考取了 CFA，自认为也算一个专业投资者，信心越来越膨胀。

2013 年，我将工作几年攒下来的积蓄，以及家里放在我这里的闲钱，凑够 50 万元，开通了融资融券账户。当年创业板行情非常好，我看好年底贺岁行情，重仓埋伏一只传媒股。没想到的是，股价一路下行，想做价值投资的我，一路跌、一路补，结果亏得更多。2014 年，家里需要用钱，要把放在我这里的钱拿回去。我不甘心，赌徒心态上头，跟家里拖延了一个月时间，结果不言而喻，对我来说就是爆仓了。好在最后没有耽误正事。

如果你问我：从这次失败中获得成长了吗？老实说当时也没有。现在回顾这段经历，可以很轻松地指出其中的错误，比如滥用杠杆、持仓太集中、没有做好现金流期限管理等。但在当时的我看来，加杠杆集中持仓也帮我赚过不少钱，最后这只股票也创出了新高，证明了我的判断是对的。我只觉得自己运气不好，是一个中途被迫变现的倒霉蛋而已。

结缘挚爱，成立"家庭投委会"

多年之后我才明白，从投资失败中自主地吸取教训是很难的，不然散户们总亏钱，早就该举一反三、成为投资大师了。仅靠在市场碰壁后总结经验，很难获得真正有用的提升，只有在更高的层面把投资体系的全景图想通，再去审视这些经验碎片，才能拼成一幅完整的图形。

其实很多道理书本上教过，可纸上得来终觉浅，若是没有尝试过，没有交过那些学费，就很难形成理性认知。我大概在2016年股市熔断之后，才逐渐想明白这个道理，应把自己的投资体系化。

这个过程中小韭对我的帮助很大，韭菜投资学账号的老读者估计对她更熟悉。我是工作之后和她认识的，后来在一起了，因为都喜欢投资，所以有了很多共同的话题。我融资融券爆仓之后，跟她讨论过问题的根源，后来就定了个规矩，任何重要的投资决策，都要经过我们俩的一致同意才行。

我俩戏称这叫"投委会"，我们都有一票否决权，到现在还是这样。多一个人就多一个思考的角度，总没有坏处。这么多年下来我们的理念相互影响，也基本趋于一致，共同构建了现有的投资体系。更重要的是这让我们的投资决策都能被家庭的另一半充分了解，即便遇到风险也可以坦然承担。所以，千万不要背着家里人拿钱偷偷做投资，否则面对浮亏时压力会成倍地增加，想迅速回本就容易铤而走险，最终只会越亏越多。

亲友们对于我们的事业也非常支持。从结果来说，亲友知道你能赚到钱自然就不会有摩擦了。从过程来说，把波动对情绪的影响剔除后，以我这种思路做投资并不会消耗太多精力，花点时间做好基础研究工作，剩下的就是做好计划，等待市场提供值得出手的机会。小韭喜欢把投资比作守株待兔，大部分时间我们都坐在树桩那里等兔子（机会）来。

选股与择时，普通投资者该如何把握？

我现在做投资首先会考虑一个根本性问题：我的能力能赚到哪些

钱？市场能赚的钱很多，最基础的就是长期持有宽基指数，赚市场的平均收益。经济体内的上市公司每年不断盈利，指数的中枢自然水涨船高。赚这部分钱不需要太强的能力，需要做的就是忽略市场的各种波动，尽可能延长持有时间，给上市公司更多的时间去盈利，进而抬高价值中枢，概括起来就是三个字——"等得起"。

投资者在这个基础上想要获得超额收益，可行的方法有选股和择时。超额收益要比平均收益难赚得多。因为平均收益来源于上市公司持续的盈利，是正和市场，蛋糕总是在不断变大的；超额收益是零和市场，投资者要跑赢市场平均，就注定有人跑输市场平均，我们要从别人兜里拿钱，要从别人的蛋糕上多切下来一块给自己，而我们的对手也在想着同样的事。

先说选股。我认为大部分业余投资者可以基本放弃选股。因为对手是机构，投资经理和基金经理每天琢磨如何选股，背后还有投研团队支持，外加行业调研和高管访谈，无论从团队力量、时间投入还是专业能力上来说，都是业余投资者比不了的。选股超额收益来源于先于竞争对手选出更好的公司，而我们的竞争优势从哪里来？

破解这种不利局面有两个办法：一是无招胜有招，直接持有宽基指数型的分散化组合，我只要不去选股，对手就没办法从我身上赚取超额收益，就跟金庸先生笔下的"独孤九剑"是一个道理，我本无招，也就无从可破；二是"化敌为工具"，去买机构的产品，雇机构帮我们选股，为我们赚取超额收益。

再说择时。这才是业余投资者有优势的部分。大部分机构有大类资产仓位的上下限规定，加仓、减仓都有幅度限制。比如股票型基金的股票仓位一般不低于80%，偏股混合型基金的股票仓位一般不低于60%，就算基金经理想减仓，也无法低于下限。此外，机构的资金量太大，加仓和减仓对市场都有冲击效应，不够灵活，加减仓操作还会受到基金申购赎回的严重影响。从公募基金过往的业绩归因来看，大部分在择时上接近零贡献甚至是较小的负贡献。在这个领域，灵活的小资金有希望建立竞争优势。

想通过择时获得极致的收益或高频的胜率，本质上是和市场的随机性做斗争，而随机性是无法战胜的。我们的对手不是市场，而是其他参与者。我们首先要做的就是与市场和解，接受模糊的正确。举个例子，2018年熊市，下半年什么时候买入最好？事后看我们都知道，在2018年末买入最好。但在更长的时间线上看，我们会发现2018年下半年什么时候买都很好。

看估值指标的历史分位、市场情绪指标的变化，就可以比较有效地识别大致区间。我这些年实现超额收益的来源主要有两个：一个是2018年下半年抄底，另一个就是2022年4月末抄底，都是依靠估值指标做出的判断。

综上所述，我的投资思路就是扬长避短，在不具有优势的领域追求市场平均，在有优势的领域争取超额收益。具体策略上，通过持有高度分散化的组合，例如使用指数增强基金组合、主动基金组合，让机构帮我实现选股的超额收益；同时参考估值判断市场大致的顶底区间，自己做大周期的股债轮动择时。

在这个思路下，我们需要的就是股、债类分散化的配置工具，久聪系列投顾组合解决的就是这个问题。系列组合中，久聪指数增强组合配置一揽子优质指数基金和指数增强基金，久聪基金经理优选组合配置一揽子优质主动管理基金，都是高度分散化的权益类组合，省去了投资者自己筛选的烦恼。久聪债券是一个分散化的纯债组合，可以用来做股债轮动择时。在需要减仓权益时，投资者就可以把上面两个权益组合转换成久聪债券；在需要加仓权益时，再换回上面两个权益组合。此外有个组合是久聪固收 Plus，穿透来看，大约为债 90%、股 10% 的配置，适合那些寄希望于比债券多争取一些收益、愿意多承担一些风险的人。

在标的选择上，我不会依赖"看好"来做决策。我也会看好某些标的，但我深知这些观点不具备足够的可靠性。一是"看好"本身可能出错，二是即便"看好"对了也很难定价。我比较反对"某些行业成长性好就一定要布局"的论断，很多类似的分析中从来不谈价格，仿佛前景远大价格就可以无限上涨一样。投资者在有"看好"这类想法后，还是要多问问自己：凭什么我会比市场的其他人看得更准？如果这个问题回答不上来，那"看好"很可能有问题。

我更多地采取分散配置的思路，即使非常看好某些板块，也不会去重仓某只基金或股票，而是设定一个仓位上限。在仓位上限内，从符合我的要求的标的中，我会选择一组来做适度的分散。比如我想用久聪指数增强组合配置小盘风格的中证 1000 指数增强基金，就不会只选择一只，而会选出一组，一起持有。这样既可以获得中证 1000 指数增强的特性，又分散了特定指数增强策略失效的风险。

"佛系"，是由市场锤炼出的一种能力

我的心态比较"佛系"，这几年对涨跌已经没什么感觉。人对控制

力之外的东西才容易产生悲欢情感，如果我们提前都想清楚，确信自己构建的组合未来是美好的，最大的风险、最坏的情况也预想好了，知道自己的现金流和心态都足够挺过去，那么对于中途的波动就会觉得无所谓，因为我们已经把所有不确定性都变得可控。

我觉得做投资最好的状态就是不喜不悲，没有情绪。情绪只会扰乱心态，让人陷入得失的计较，那样只会做出更差的决策。金庸先生所著《倚天屠龙记》中有一段话很适合用作投资的心法，我将它进行了改编：它涨任它涨，清风拂山岗。它跌任它跌，明月照大江。

我还有一个调节情绪的小技巧，就是看空做多，把市场可能的发展想得尽可能坏，这种情况下敢买入的仓位，就会拿得相当安心。比如我很少使用杠杆，很多人觉得太保守了，但如果你多考虑一下极端情况，就会明白：一旦加杠杆就会产生爆仓的风险，心态就会随之发生变化。

举个例子，有人说，在市场底部，比如3000点以下加一倍杠杆是安全的，市场总不可能跌到1500点吧！事实上还没跌到1500点投资者就可能扛不住了。经历过2015年"股灾"的人都知道，那时候救市政策包括提高期指和融资融券保证金率，一边是股价下跌侵蚀保证金，一边是政策要求更多的保证金，根本还没到之前预想的跌幅就已经爆仓了。当然这是小概率事件，但如果小概率事件会导致致命的后果，那也是让人不能接受的。这就是我说要把事情想得尽可能坏的原因。

写给新手投资者的话：要读懂投资，先读懂自己

我上大学之前一直觉得自己是有些小聪明的，没有太努力就考上了

清华。但上大学后我很快发现，情况不一样了，周围出现了一群真正的牛人。我看不懂的书有人秒懂，做不出的题有人秒解，更可怕的是，我发现就算努力也还是追不上。认识到自身能力的局限、接受自己的平凡，是我在大学学到的第一课。但这一课在当时还不够深刻，直到被市场"痛扁"几顿才掂清楚自己的斤两。

后来流行一个说法叫"能力圈"，说要在自己的能力圈范围内做投资。我一听就想到了大学和投资的经历，秒懂。能力圈是很难突破的，盲目拓展能力圈想去赚更多的钱，往往只会让自己深陷危局。对大部分人来说，倒不如想想自己的边界在哪里，先把圈里的钱赚到再说。如果要我说投资最重要的事情，那就是扬长避短。想清楚自己有能力赚的是哪部分钱，然后从中找到最容易的那部分去赚钱。

欢迎关注我的雪球账号 @韭菜投资学。我觉得投资入门最快的方法就是一边看前人的经验，一边自己实践，只做任一边都是不行的。投资不存在适合每个人的通用策略，大家的能力圈不同、愿意承担的风险不同，适合的策略也不一样，只能借鉴前人的经验，然后自己不断尝试。当有一天你找到一套用起来舒服、能持续盈利的策略时，那就可以了。还有就是把目标放低，靠投资暴富只可能是运气极好的个例，不可能具有普遍性。我们都是凡人，合理的预期就是资产的保值增值。

品故事、学投资，开启滚雪球人生

《中国私募基金经理风云录》

《投资改变人生：那些滚雪球的人》

《投资改变人生：那些滚雪球的人（第二辑）》

《投资改变人生：那些滚雪球的人（第三辑）》